서울›››평양›››스마트시티

서울▸▸▸ 평양▸▸▸ 스마트시티

도시 네트워크로 연결되는 한반도 경제통합의 길

민경태 지음

미래의창

추천사

임동원
(전 통일부 장관, 한반도평화포럼 명예이사장)

지난 2014년에 발간되었던《서울 평양 메가시티》의 후속편이 준비되고 있다는 소식을 들었을 때 반가운 마음이 들었습니다. 저자인 민경태 박사는 한반도평화포럼의 회원으로서, 한평아카데미 3기를 수료한 바 있습니다.

정치적으로 고착된 현실에 안주하지 않고 남북한의 미래에 대한 상상력과 발상의 전환을 시도하는 저자의 모습이 매우 인상적입니다.《서울 평양 메가시티》는 남북한의 경제 협력을 추진하기 위한 공간으로서 서울과 평양이라는 남북한의 수도권 지역을 과감하게 선택했습니다. 한반도의 중심축이자 경제의 대동맥인 경의선 축의 핵심 지역을 대상으로 하나의 경제권역을 만들자는 발상은 당시 매우 새로운 접근이었습니다.

이제 한반도의 역사적 대전환을 앞두고 새롭게 펴내는《서울 평양 스마트시티》는 보다 미래 지향적인 남북한 공동 번영을 위한 고민과 성찰을 담고 있습니다. 미래 한반도의 모습이 어떻게 펼쳐질 수 있을지 다양한 가능성을 설명하는 내용이 무척 흥미롭습니다. 북한의 지역별 특성을 연구하고 이를 어떻게 미래 산업으로 연결시킬 수 있을까 구상하는 노력 또한 인상적입니다.

이 책은 미래 예측이라기보다는 한반도의 미래에 대한 저자의 희망을 담은 것으로 이해합니다. 그렇다 할지라도 이와 같이 한반도의 미래를 위한 다양한 구상과 창의적 발상을 하는 것은 남북한 협력을 위해 매우 긍정적인 시도라고 생각합니다. 현실에서 벽을 만난 경우일수록 한반도의 미래 세대는 기존의 패러다임에 안주하지 말고 새로운 돌파구를 찾아 나서야 할 것입니다.

그런 의미에서 이 책은 남북한의 평화체제 구축을 위해서도 바람직한 시도가 될 것입니다. 당장의 정치적 통일을 무리하게 추진하지는 않지만, 과정으로서의 통일, 통일을 지향하는 평화체제 구축을 위한 한 걸음이 되기를 기원합니다.

앞으로 남북한의 종전 협정과 평화체제 구축에 이르는 길은 험하더라도 꼭 가야만 하는 길입니다. 모두가 한마음 한뜻으로 한반도의 역사적 전환기를 슬기롭게 헤쳐나갈 수 있기를 기원합니다. 다시 한 번 《서울 평양 스마트시티》의 출간을 축하합니다.

추천사

이종석
(전 통일부 장관, 세종연구소 수석연구위원)

오랫동안 남북관계를 연구하면서 나에게는 하나의 확신이 생겼다. 남북한 경제협력이 우리의 경제적 삶을 획기적으로 향상시켜줄 것이며 궁극적으로 한반도의 안전보장에도 크게 기여하리라는 믿음이다.

이런 믿음을 갖는 이유는 너무 간단하고 분명하다. 삼면이 바다로 둘러싸인 우리나라는 분단 이후 휴전선으로 육지가 봉쇄된 채 오늘의 민주주의와 경제 발전을 이루었다. 반도국가가 국가 발전을 이루려면 육지가 가장 중요한 대외 통로인데, 그 육지 쪽이 온통 콘크리트 장벽과 철조망으로 막힌 상태에서 오늘의 경제 발전과 민주주의를 성취한 것이다. 그렇다면 대륙으로 뻗은 육지가 열릴 경우 우리의 삶은 어떻게 변할까? 군이 경제학자나 미래학자가 아니라도 그 변화를 짐작할 수 있다. 거대한 경제적 공간이 새롭게 창출되고 문화적·심리적 공간도 크게 확장되어 지금과는 다른, 질적으로 향상된 삶을 살게 될 것이다. 역으로 남쪽을 향한 육지가 가로막혀 있는 북한의 입장에서도 양분되어 있던 바다를 온전히 사용할 수 있게 되면 국제사회를 향한 새로운 기회의 창이 열리게 된다. 바로 이것을 가능하게 하는 것이 남북 경제협력이다.

남북 경제협력이 활성화되면 북한과 동북아 주변 국가들 간의 경제협력도 활발해질 것이다. 이를 통해 북한은 빠른 경제 발전을 실현할 것이며, 그 과정에서 북한 경제의 대외 상호의존도는 자연스럽게 높아진다. 이 경제적 상호의존과 유기적 협력을 토대로 북한은 주변 국가들과 신뢰를 쌓아가게 되고 신뢰가 커진 만큼 한반도의 전쟁 가능성은 줄어들게 된다. 경제협력이 한반도 안보 환경을 근본적으로 개선시키는 역할을 하는 것이다.

이처럼 남북 경협이 국가 발전 전략으로 떠오르고 있는 중차대한 시점에서, 민경태 박사의 《서울 평양 스마트시티》는 우리의 실용적 상상력을 자극하는 좋은 책이다.

2014년의 《서울 평양 메가시티》에 이어 나온 이 책은 북한 경제에 대한 저자의 실사구시적인 탐구와 진일보한 관점을 담고 있다. 북한의 경제성장 방식을 기존의 개발도상국 모델이 아니라 기술혁명에서 찾으며, 이를 남북 협력의 기반으로 삼고 북한에 '창조적 혁신'을 적용하자는 제안 등이 이를 증명한다. 특히 이 책이 인상적인 것은 남북 경협이나 북한 경제에 대한 지식을 전달하는 데서 더 나아가 독자 스스로 남과 북이 유기적으로 연결되는 미래 한반도를 구상해보도록 탐구욕을 자극하고 있다는 점이다. 독자의 자기 발전을 촉진하고 있다는 느낌이다. 남북 경협과 북한 경제, 그리고 한반도의 미래에 관심 있는 분들에게 일독을 권한다.

추천사

이광재
(전 강원도지사, 재단법인 여시재 원장)

인간은 도시를 만들고, 도시는 인간을 만든다. 역사를 돌이켜보면 시대가 원하는 도시를 만드는 자가 인류 문명의 주인공이 되었다. 이제 인간은 도시를 떠나서는 살 수 없는 사회적·정치적 동물이다. 더 극적으로 말하면 어떤 도시를 창조하느냐에 따라 나라의 운명과 문명의 주도권이 바뀔 수도 있다는 얘기다. 도시는 인간 삶의 터전이자, 인류 최대의 발명품이자, 문명 탄생의 기지이자, 창조와 혁신의 엔진인 것이다.

그러나 산업 문명이 만든 대도시는 오늘날 지속불가능한 지구의 주범이 되고 있다. 환경오염, 자원 고갈, 빈부격차, 사회문제 등 대도시가 가진 문제가 심화되고 지속가능성을 상실하게 된다면 지금의 대도시는 머지않은 미래에 관광지가 되어버린 유럽의 고성처럼 변해버릴 수도 있다. 우리에게는 어떤 선택지가 있을까?

기술의 특이점에 의한 신문명의 탄생이 도래하고 있다. 지금의 도시를 구성하는 집, 학교, 병원, 쇼핑센터, 관공서, 법원 등 모든 것이 변하게 될 것이다. 4차 산업은 결국 스마트홈, 스마트팩토리, 스마트시티에서 꽃피우게 될 것이다. 20세기는 에디슨이 만든 가전제품과 포드가 만든 자동차에 의해 대도시 문명이 융성하던 시대였다. 이제 21세기형 스마트홈과 스마트시티를 만드는 에디슨과 포드는 누가 될 것인가? 디지털이 창조하는 미래 가치와 동서양 융합을 통한 새로운 도시 공동체를 어떻게 만들 것인가?

한반도에 새로 탄생하게 될 '서울-평양 스마트시티'에서 그 답을 찾아보도록 하자. 동북아를 넘어 세계 경제의 허브가 될 수도 있는 한반도의 미래 구상은 단지 꿈으로만 머물 수 없다. 창조적 혁신을 기다리고 있는 북한에 개성공단 식의 과거 모델로만 접근하는 것은 한계가 있다. 대도시가 아닌 중소도시 네트워크를 통한 미래 한반도의 신경제 전략 구상이 필요한 시점이다. 《호모데우스》의 저자 유발 하라리가 말했듯, 북한은 지구상에서 가장 먼저 자율주행차를 도입하는 곳이 될 수도 있다.

여러모로 낙후되어 있는 북한이지만, 그렇기 때문에 한반도 4차 산업혁명의 최적지가 될 수 있다는 저자의 발상은 실로 획기적이다. 인류의 지속불가능성을 극복할 신문명 미래 도시의 모델을 남북한 협력을 통해 한반도에서 제시할 수 있기를 기대해본다. 《서울-평양 스마트시티》를 통해 한반도가 세계 물류와 경제·문명의 허브가 될 미래 담론을 맘껏 펼쳐보길 바란다.

미래 한반도 성장 패러다임의 전환, 북한을 4차 산업혁명의 중심으로!

2033년, 글로벌 IT 연구소의 데이터 과학자인 태원은 중국 선전 深圳에서 개최되었던 '인공지능 거버넌스 컨퍼런스'에 참석한 후 인천공항으로 가는 비행기에 오른다. 마침 옆 좌석에는 회의에서 가장 흥미로웠던 세션인 '미래의 세계정부는 인공지능이 운영하는가?'에서 만나 인사를 나누었던 나타샤가 앉아 있다. 그녀는 세계은행의 개발도상국 투자 담당 컨설턴트로, 북한 경제개발에도 관심이 많아 둘의 대화는 계속 이어졌다. 특히 최근 북한이 발표한 '블록체인 경제특구' 개발계획에 세계 각국이 대규모로 지분을 투자한다는 소식이 화젯거리였다. 북한은 다른 국가들은 엄두를 내지 못할 정도로 파격적인 세금 혜택과 거의 무제한적인 탈규제 정책을 적용했다. 이에 전 세계 블록체인 개발자와 관련 기관들은 북한을 새로운 서비스 도입을 위한 테스트베드로 활용하는 것에 관심을 갖게 되었다.

그는 비행기에서 내리자마자, 다시 인천공항역에서 바로 출발하는 평양행 고속열차에 오른다. 이 열차는 종착지가 모스크바인 특급열차다. 플랫폼의 안내 모니터에는 평양까지 35분, 하얼빈까지 4시간, 모스크바까지는 2일 18시간이 소요된다는 내용이 표시되고 있다. 열차가 출발한 지 10여 분 후, 곧 해주역에 도착한다는 방송이 나오자 많은 외국인 승객들이 내릴 준비를 한다. 황해남도 강령군에서 개최되는 '세계 스마트팜 전시회'로 향하는 참석자들이다. 강령 국제녹색시범지대는 네덜란드를 벤치마킹하여 세계적인 친환경 농·생명 클러스터로 탈바꿈되었고, 이 지역의 스마트팜 단지는 관광 명소가 되었다.

신新경의선 고속철과 고속도로가 해주를 통과하게 되면서 북한의 서해안 지역은 하루가 다르게 발전해왔다. 특히 해주-개성-인천을 잇는 삼각벨트는 중국의 홍콩-선전-광저우 주장 삼각주 지역과 함께 동북아의 대표적인 국제경제자유구역으로 성장했다. 15년 전 AT 커니AT Kearney가 발표한 글로벌 도시의 경쟁력 순위에서 서울은 12위를 차지했으나, 미래 경쟁력은 38위로 전망되었다. 시간이 흐를수록 서울의 도시 경쟁력이 점점 하락할 것으로 평가된 것이다. 하지만 올해 서울-평양 메가수도권은 글로벌 도시 경쟁력 평가에서 5위에 올랐다. 경제성장의 정점을 지난 한국은 성장 동력을 잃어가고 있었으나 남북한의 협력을 통해 새로운 활력을 되찾았다. 한반도는 유라시아 대륙과 태평양을 연결하는 교두보이자 접점으로서, 세계에서 가장 매력적인 복합 물류·교통의 거점으로 변신했다.

며칠간 바쁜 일정을 보낸 탓에 피곤해서 잠시 눈을 붙이고 나니 열차가 곧 '강남역'에 도착한다는 안내 방송이 나온다. 강남 고속 철 역사는 평양시 행정구역 내에 있는 '강남 경제개발구'의 중심 에 위치해 있다. 평양의 구도심은 마치 '살아 숨 쉬는 도시 박물 관'과도 같은 곳으로, 역사적 유적지와 정치적 상징물이 많아 세 계적인 관광 명소가 되었다. 이제 평양의 경제적 중심은 외곽 지 역의 경제개발구들이 담당하고 있다. 특히 강남 경제개발구는 IT 산업과 4차 산업의 중심 지역으로서 첨단 기술 분야의 남북한 협 력이 가장 활발하게 일어나는 곳이다. 또한 은정 첨단기술개발 구는 평양이과대학을 중심으로 과학기술 분야의 벤처 생태계가 조성되어 있다. 이들 경제개발구에는 한국의 기업, 연구소, 대학 의 지사나 분교가 진출해 북한의 우수 인재를 양성하고 있다. 남 북한이 연계된 산학연 협력 모델의 대표적 성공 사례다.

열차에서 내려 택시 승강장으로 이동하니 미리 휴대폰으로 예약 해둔 자율주행택시가 대기자의 순서에 맞춰 다가온다. 강남 경 제개발구는 지역 내에서 운행되는 모든 택시가 자율주행차인 세 계 최초의 자율주행택시 시범지구다. 자율주행차를 개발하는 글 로벌 IT 기업과 자동차 회사들의 컨소시엄이 자율주행차 전용으 로 설계된 도로·교통 시스템에 투자했다. 그동안 세계 각국에서 자율주행차의 실용화를 시도했지만 각종 규제와 이해관계자의 반대로 인해 번번이 무산되었다. 북한은 과감한 정책 도입과 적 극적인 경제 개방 노력을 통해 평양에 자율주행차의 테스트베드 를 구축할 수 있었다. 대동강변의 버드나무 가로수길을 지나갈 즈음 자율주행택시의 인공지능이 선택한 〈푸른 버드나무〉가 스피커를 통해 흘러나온다. 2018년 평양에서 열린 남북합동공연에서 가수 서현이 불러 화제가 되었던 북한 노래인데, 창밖의 강변 풍경과 잘 어울려 오랜 세월이 지났음에도 듣기 좋다.

목적지인 '평양 데이터 연구소'에 도착하여 택시에서 내리자, 마중을 나와 있는 북한 측 직원과 먼저 도착한 세계 각국의 연구원들이 보인다. 그들과 반갑게 인사를 나누며 연구소 안으로 들어섰다. 이곳에서는 평양 시민의 일상생활을 통해 얻은 각종 데이터를 분석한다. 개개인의 바이오리듬에 따라 나타나는 다양한 데이터를 얻기 위해 평양시의 주택과 거리에는 여러 종류의 센서가 설치되어 있다. 이 센서들을 통해 확보한 데이터는 인간에게 최적화된 스마트홈과 스마트시티를 설계하는 데 활용된다. 평양은 전 세계에서 유일하게 주민들의 생활 데이터를 제공하겠다고 제안한 곳이다. 그 결과 세계 각국의 연구기관과 연구원이 평양에 모여 공동 연구 프로젝트를 진행하고 있다. 오늘날 북한은 제조업 분야뿐만 아니라 4차 산업 분야에서도 선진국들과 함께 연구하고 협력할 수 있을 만큼 발전했다.

이와 같은 상상이 정말 실현될 수 없는 꿈과 같은 일일까? 바로 지금 이 순간, 한반도는 역사상 유례없는 전환기를 맞고 있다. 전 세계의 미디어가 이렇게 집중적으로 한반도를 주목했던 적이 또 있었던가! 남·북·미 3개국이 협력하여 문제 해결을 위해 적극적으로 노력했던 적이 또 있었던가! 우리는 평화와 화합으로 가는 문 앞에서 있고, 살짝 열린 문틈 사이로 한 줄기 희망의 빛이 보인다. 이 시기를 어떻게 보내느냐에 따라 한반도의 미래가 달라질 것이다. 남북한 모두를 위해 절대로 이 기회를 놓쳐서는 안 된다.

2018년 4월 20일 개최된 북한 노동당 전원회의에서 김정은 국무위원장은 "인민경제의 주체화, 현대화, 정보화, 과학화를 높은 수준에서 실현하며 전체 인민들에게 남부럽지 않은 유족하고 문명한 생활을 마련"해주기 위해 경제 건설에 총력을 집중하겠다고 말했다. 즉, 과학기술을 바탕으로 한 첨단 산업을 중심으로 국가 경제를 발전시키겠다는 뜻을 밝힌 것이다. 과거와 같은 방식에 안주하지 않고 북한의 경제성장을 추진해보겠다는 의지가 엿보인다. 북한 주민들의 생활을 단지 '이밥에 고깃국' 먹는 수준으로 향상시키는 것에 만족하지 않고, 북한을 동북아를 선도하는 산업국가로 발전시키겠다는 꿈을 피력한 것으로 봐야 한다. 그 꿈을 실현하는 데 있어서 남북한이 협력할 수 있는 방법은 무엇일까?

북한에서 시작하는 한반도 4차 산업혁명

북한의 성장 방식이 기존 개발도상국 모델을 따라야 한다는 고정관념에서 벗어나, 새로운 기술혁명으로부터 한반도의 미래를 찾아보는 것은 어떨까? 기술 발전과 사회 변화에 따라 미래 도시의 형태도 점점 진화해가고 있다. 한반도에도 이러한 변화를 담아낼 새로운 도시 모델이 필요하다. 즉, 첨단 기술이 네트워크로 연결되어 4차 산업혁명의 플랫폼으로 기능하는 스마트시티를 구축하는 것이다.

한국은 신도시 개발 경험이 풍부하고 스마트시티의 기반이 되는 IT 기술 분야의 경쟁력도 뛰어나다. 사물인터넷, 차세대 네트워크 등 정보통신 기술을 도시 인프라에 융합할 수 있는 역량도 있다. 세계 여러 국가들이 벤치마킹하고 있는 전자정부 운영 노하우도 있다. 하지만 남한의 도시들은 이미 모든 면에서 인프라가 잘 갖춰져 있어서 새로운 시스템을 적용해보기 어렵다. 기존의 것을 해체하지 않는 한 한국에서는 혁신적인 도시 모델을 실험하기 어려운 상황이다.

반면, 북한은 현재 낙후되어 있는 인프라를 거의 모두 새롭게 구축해야 하는 형편이다. 한국과 달리 토지 수용과 보상에 따른 문제가 복잡하지 않고, 일단 정책이 결정되면 일사불란하게 집행할 수 있는 정치체제를 갖고 있다. 한국은 개발 프로젝트를 진행할 때 사업성을 최우선시하지만, 북한에서는 사업성은 낮아도 이상적인 도시 모델을 구현해볼 수 있다. 게다가 첨단 기술을 적용한 새로운 서비스를 도입하더라도 이해관계자나 기득권의 반대가 거의 없다. 이런 이유 때문에 신도시 개발을 위한 테스트베드로 남한보다 북한을 활용하는 것이 훨씬 유리하다.

따라서 북한의 스마트시티 건설은 남북한이 함께 협력할 수 있는 가장 유망한 분야 중 하나다. 한국의 산업은 이제 정점에 달했으므로 새로운 성장 동력을 발굴해야 한다. 우리만이 잘할 수 있는 산업, 미래 한반도를 이끌어줄 새로운 비전과 가치가 필요하다. 한반도의 미래는 새로운 도시 모델을 어떻게 제시하느냐에 따라 결정될 수도 있다.

개성공단 협력 모델을 탈피하자

남북한 경제협력의 성공 사례 중 하나로 제시되는 것이 개성공단이다. 북한은 세계 어느 나라에 비해서도 임금 경쟁력이 높고 우리와 동일한 언어를 사용하는 우수한 노동력을 보유하고 있기 때문이다. 개성공단은 북한의 노동력과 남한의 자본이 결합한 대표적 사례다. 우리는 흔히 북한에 개성공단과 같은 경제특구를 20개 정도 만들면 북한을 빠르게 성장시킬 수 있을 것이라고 생각한다. 그러나 이와 같은 협력 방식은 남북한 경제협력의 초기 단계에서는 활용할 수 있지만 지속가능성이 없다. 중국과 베트남이 개발도상국 발전 모델을 추진했던 시대와는 다른 방식으로 접근해야 한다.

인간 노동력을 기반으로 하는 성장 방식에는 한계가 있다. 4차 산업혁명과 함께 노동을 효율화하고 공정을 자동화하는 스마트 제조 기술이 발전하고 있다. 세계의 공장인 중국도 앞장서서 스마트 팩토리를 구현하고 있으며, 앞으로 거의 모든 제조업 분야에 상상을 초월하는 변화가 일어날 것으로 예상된다. 따라서 노동력에 의지하는 단순 임가공 형태의 제조 방식으로는 머지않아 세계 시장에서 경쟁력을 상실하게 될 것이다. 더구나 북한의 임금 경쟁력은 영원하지 않다. 노동력을 활용하는 제조기지에서 제품을 소비하는 시장으로 전환하기 위해서는 북한의 임금 수준도 현실화해야 한다.

이제 남북한 경제협력 모델도 진화해야 한다. 단순히 북한의 노동력만을 활용하는 기존의 협력 방식은 그 자체로 한계가 있으며 점차 지양해야 한다. 중장기적 성장 기반을 확보하지 못한 채 근시안적으로 북한의 역량을 소진해서는 안 되기 때문이다. 장기적으로는 북한이 자체적인 성장 동력을 내재화할 수 있도록 미래 산업 분야에서 새로운 협력 방식을 추진해야 한다. 우수한 인재를 양성하여 지식 산업과 4차 산업 분야를 발전시킬 필요가 있다. 앞으로 북한의 경제특구·개발구 계획을 세울 때에도 미래의 산업구조 변화를 염두에 두어야 할 것이다.

산업혁명의 대도시에서
정보혁명의 중소도시 네트워크로

산업혁명은 대도시를 만들게 해준 원동력이다. 도시에서 제공하는 서비스가 고도화될수록 대도시로의 집적화 역시 점점 심화되고 있다. 결국 도시의 형성은 인간의 욕망을 충족시키기 위한 것이다. 인간의 삶에 필요한 다양한 기능이 도시 공간에 집중되면 공간적·물리적 제약을 극복할 수 있고, 이를 통해 인간의 다양한 욕구와 필요를 해결할 수 있다. 하지만 도시의 비대화와 집적화는 여러 문제점을 동반했다. 자원 고갈, 환경 파괴, 대기오염 등으로 인해 도시에 사는 사람들의 삶의 질이 저하되고 있다.

4차 산업혁명, 정보혁명의 시대가 도래하면서 도시의 형태와 공간 구성에도 변화가 요구되고 있다. 미래 한반도의 바람직한 도시 모델은 어떤 모습일까? 인간의 필요와 욕구를 충족시키면서도 지속가능한 도시 모델을 구상해야 한다. 대도시는 직업, 의료, 교육 등 기본적인 서비스 외에 인간이 필요로 하는 다양한 욕구를 충족시켜 준다. 사람과 사람이 모여서 어울릴 수 있는 문화 공간을 제공하고 엔터테인먼트의 중심으로서 기능한다. 특히 지식 기반 산업 사회에서는 사람들이 온라인뿐만 아니라 오프라인의 도시 공간에서도 활발하게 교류할 수 있도록 하는 암묵지 형성이 필수적이다. 대도시가 주는 생산성과 창조성을 유지하기 위해서는 사람들의 상호작용이 이루어지는 중심 공간이 필요하기 때문이다.

따라서 대도시가 주는 편리함과 높은 서비스 수준을 유지하면서도 보다 쾌적한 환경을 갖춘 중소도시의 장점을 결합하는 대안을 찾아야 한다. 광역경제권의 중심 지역, 즉 중소도시 네트워크에서 허브 역할을 담당하는 지역은 친환경적인 콤팩트시티로 구성할 필요가 있다. 이곳에 핵심적 서비스 기능을 배치하고 주변 지역과 접근이 용이하게 한다면, 중소도시에 살면서도 다양한 욕구를 채울 수 있는 대안적 모델이 가능해진다. 미래 한반도의 광역경제권은 대도시 공간이 연속적으로 이어진 지역이 아닌, 각각 고유한 경쟁력을 가진 중소도시들이 서로 긴밀하게 연결되어 있는 분산형 네트워크 구조를 의미한다.

이와 같이 큰 틀에서 새로운 남북한 협력 방향을 염두에 두고 미래 한반도의 도시 개발에 대해 살펴보았다. 특히 북한이 지정한 5대 경제특구와 22개 경제개발구를 중심으로 한반도 8대 광역경제권, 즉 스마트시티 벨트를 구상했다. 광역교통망 차원에서 거점 항만을 중심으로 해양 네트워크를 구축하고, 철도·도로·에너지 등 복합 물류 네트워크를 구성하는 데 초점을 맞추었다. 각각의 스마트시티 벨트 내에서는 스마트시티 간의 상호보완적 경제협력이 진행되는 동시에, 광역교통망과의 연결을 바탕으로 스마트시티 벨트와 인접 국가의 경제협력도 진행된다.

이제 한반도는 해양과 대륙을 연결하는 본연의 지경학적 잠재력과 가능성을 적극 활용할 수 있도록 미래를 구상해야 한다. 비록 지금 한국은 유라시아 대륙으로부터 단절되어 섬과 같이 고립되어 있지만, 남북한이 연결되는 순간 거대한 전환이 이루어질 것이다. 한반도는 분단과 대립의 상징이 아닌 대륙 세력과 해양 세력이 만나는 교류와 협력의 공간으로 자리매김하게 된다. 한반도는 동북아 국가들이 활발하게 교류하는 소통의 장이자, 유럽과 태평양권 국가들을 연결시키는 통로가 될 것이다. 한반도가 동북아 경제권의 허브 역할을 담당하면서 국제적인 영향력을 강화시켜나갈 수 있는 새로운 기회를 갖게 되는 것이다. 우리는 지금 한반도의 미래 운명을 결정하게 될 시점에 서 있다. 미래의 어느 날, 오늘을 되돌아보며 이 시기를 슬기롭게 견뎌낸 것을 보람으로 기억할 수 있기를 소망한다.

2018년 9월
민경태

차례

PART 2 스마트시티 네트워크

PART 3 새로운 미래 도시 모델

PART 1.

북한은 한반도의
미래다

1장

남북한 협력의

새로운 방향

북한을 한반도
4차 산업혁명의 중심지로

우리는 미래 세상을 상상할 때 새로운 기술에 따른 변화를 기대한다. 그래서 미래학에서는 기술 변화를 매우 중요한 요인으로 꼽는다. 기존 시스템을 바꿀 수 있을 만큼 혁신적인 기술이 등장하면 사회 시스템과 운용 방식뿐만 아니라 우리의 삶도 많은 영향을 받게 되기 때문이다. 그래서 많은 미래학자들이 기술 발전 동향을 모니터링하고 그에 따른 사회 변화를 예측하는 데 노력을 기울인다.

그런데 한반도에 살고 있는 우리에게는 미래를 예측하기 위해 고려해야 할 매우 중요한 요인이 하나 더 있다. 바로 북한이다. 우리에게 '북한의 변화'는 '기술의 변화'만큼이나 큰 영향을 끼치는 요인이다. 그런 의미에서 북한은 한반도 미래학에 있어 가장 중요한 연구 분야가 아닐 수 없다.

그렇다고 해서 기술의 변화가 중요하지 않다는 이야기는 절대 아니다. 레이 커즈와일Ray Kurzweil은 그의 책 《특이점이 온다The Singularity Is Near》에서 2025년을 전후해 급격한 변화가 시작될 것이라고 전망했다. 인공지능의 도움을 받게 된 인류가 이제까지의 선형적인 발전을 뛰어넘는 기하급수적 변화를 만들게 된다는 것이다. 여기에 4차 산업혁명의 거센 물결이 덮쳐오고 있으며, 중국 또한 무서운 기세로 영향력을 키우고 있다. 지금과 같은 노동력 기반의 산업 분야에서는 더 이상 고용을 창출하기 어렵다는 전망이 지배적이다.

이런 상황에서 우리는 여전히 과거와 같은 방식으로 북한의 성장 과정을 예상하고 있는 것은 아닐까? 과거 개발도상국의 경제개발이 그랬던 것처럼 북한이 중국과 베트남식의 성장 과정을 그대로 따르는 것이 적절한지 자문해볼 필요가 있다. 10년 후에도 북한이 중국보다 후진적인 임가공 산업을 기반으로 경제를 성장시킬 수는 없는 노릇이기 때문이다. 그것은 절대 미래 한반도의 성장을 도모하는 방법이 될 수 없다.

한반도가 발전하기 위해서는, 즉 남북한이 함께 잘사는 미래를 실현하기 위해서는 미래 변화를 선점하는 전략이 필요하다. 과거와 같은 개발도상국 발전 방식을 북한에 적용해서는 남북한이 함께 시너지를 낼 수 있는 조건을 갖추기 어렵다. 오히려 남한보다 앞선 첨단 기술을 북한에 도입하는 것을 적극적으로 검토해야 한다.

북한에 건설하는 첨단 스마트시티

도시는 인간의 삶을 담는 그릇이다. 인류 문명은 도시를 기반으로 발전해왔고 앞으로도 그럴 것이다. 4차 산업혁명과 정보혁명의 시대가 도래하면서 기술 발전과 사회 변화가 일어남에 따라 미래 도시의 형태도 점점 진화하고 있다. 산업혁명이 인류에게 '노동의 자동화'를 가져다주었다면, 정보혁명은 '지능의 자동화'를 통해 패러다임의 전환을 이끌어낸다. 우리에게는 이러한 변화를 담아낼 새로운 도시 모델이 필요하다. 4차 산업혁명의 플랫폼으로서 지능을 창조해내는 스마트시티, 효율적인 데이터 관리를 통해 최적화된 네트워크 경제가 운용되는 도시를 구상해보자.

수많은 신도시를 건설한 한국은 도시 개발 분야의 경험이 풍부하다. 최근에는 도시 재생과 관련된 다양한 시도도 이루어지고 있다. 스마트시티의 기반이 될 IT 기술 분야의 경쟁력도 뛰어나며, 한국의 전자정부 운영 기술은 여러 국가들이 벤치마킹할 정도로 세계적인 수준이다. 더불어 한국은 사물인터넷, 5G 차세대 통신 등 정보통신 기술을 도시 인프라에 활용할 수 있는 역량도 가지고 있다. 이런 조건이라면 세계를 선도할 미래 도시 모델이 한반도에서 나오지 말라는 법이 없다. 그런데 남한의 도시들은 이미 모든 면에서 인프라가 잘 갖춰져 있어서 기존의 것을 해체하지 않는 한 새로운 시스템을 적용해보기 어렵다는 문제가 있다. 남한의 도시에서는 혁신을 실험하기 어려운 상황인 것이다.

여기서 북한으로 시선을 돌려보자. 현재 북한은 낙후된 인프라를 거의 모두 새롭게 구축해야 하는 형편이다. 한국과 달리 북한은 토지 수용과 보상에 따른 문제가 복잡하지 않고, 일단 정책이 결정되면 일사불란하게 집행할 수 있는 정치체제를 갖고 있다. 이 때문에 가장 이상적인 미래 도시 모델을 실험해보기에는 남한보다 북한이 적합하다는 이야기가 나오는 것이다. 남북한이 함께 첨단 스마트시티의 이상적 모델을 실험하고 제안하여 미래 사회의 대안을 제시할 수 있지 않을까? 북한의 스마트시티 건설은 남북한이 협력할 수 있는 가장 유망한 분야 중 하나다.

한국의 산업은 이제 정점에 달해서 새로운 성장 동력이 절실한 상황이다. 우리가 특별히 잘할 수 있는 산업, 미래 한반도를 이끌어줄 새로운 비전과 가치가 필요하다. 여기서 우리의 강점은 바로 미래의 도시 모델을 제시하는 것이 될 수 있다. 왜냐하면 우리는 세계의 다른 어떤 국가에도 없는 희망과 잠재력을 품고 있기 때문이다. 그것은 바로 북한이다. 북한은 진정 한반도의 미래다.

창조적 혁신을 기다리고 있는 북한 경제

세계적인 경제학자 조지프 슘페터 Joseph Schumpeter 는 경제 발전의 중요한 요소로 창조와 혁신을 들었다. 슘페터가 말한 혁신은 새로운 결합을 의미한다. 창조 과정은 기존에 존재하는 여러 요소들을 혁신적인 방법과 신선한 발상을 통해 결합하여 새로운 제품과 서비스를 만들어내는 것이다. 다른 사람들이 아직 시도해보지 못한 일을 새롭게 추구하는 것이 바로 창조적 혁신이다. 기존의 방식에 안주하다가 새로운 패러다임에 추월당하게 되면 창조적 파괴를 통해 도태되고 만다. 즉, 신기술의 등장으로 인해 기존의 패러다임이 파괴되고 새로운 패러다임이 태어나는 것이다. 따라서 창조적 혁신에는 기존 시스템에서 주도적이었던 패러다임이 파괴되는 과정이 반드시 수반된다.

현재 북한은 전반적인 시스템이 매우 미비한 실정이다. 평양권을 제외하고는 인프라 및 산업시설이 너무도 열악하다. 2018년 4월 열린 남북 정상회담에서 김정은 위원장이 문재인 대통령에게 "북한의 도로 사정이 좋지 않아서 민망하다"고 토로했을 정도다. 그런데, 역설적이게도 이런 상황이 남북한 경제협력에는 오히려 유리한 배경이 될 수 있다. 새롭게 조성하는 북한의 경제특구와 지방도시에는 기존 인프라와 산업시설을 개·보수하기보다 도시 전체를 새로 구축하는 편이 더욱 효율적일 수 있기 때문이다. 따라서 북한은 이미 기존의 패러다임이 파괴되어 창조적 혁신을 기다리고 있는 상태, 즉 새로운 시스템을 적용해보기에 매우 적합한 상태라고 할 수 있다.

혁신을 위한 가장 빠른 지름길은 실험을 해보는 것인데, 북한은 그것이 가능한 곳이다. 남한에서 필요로 하는 혁신의 실험, 새로운 기술의 적용, 신기술 인프라의 구축 등 테스트베드^{test bed} 로서의 역할을 하기에 북한은 이미 준비된 것이나 마찬가지다. 현재 남한에는 사회적 시스템이 너무나 잘 갖추어져 있지만, 때로는 이 기존 시스템이 새로운 혁신 기술을 도입하는 데 장애가 되곤 한다. 어떤 신기술이 성숙 단계에 접어들었는데도 시장 시스템에 의해 거부되거나 기존 투자와 중복되어 비효율적이라는 이유로 도입되지 않는 경우가 종종 발생한다. 이런 경우, 남한 대신 북한에 새로운 시스템을 적용해보는 것은 남북한 모두에게 유리한 방안이다. 남한이 보유하고 있는 기존 시스템의 '창조적 파괴' 과정을 생략하고, 북한에 '창조적 혁신'을 바로 적용해볼 수 있기 때문이다.

남북한의 결합을 통한 창조적 혁신 실험은 세계 어느 국가도 가지지 못한 매우 독특한 환경 조건이다. 남한과 북한은 현재 모든 면에서 너무도 이질적인 상태다. 그러나 미래에 남북한이 하나로 통합된다는 것을 전제로 한다면, 서로의 차이점은 곧 상호보완성을 의미한다. 남한 입장에서 볼 때 북한은 다양한 창조적 혁신을 시도해볼 수 있는 거대한 실험실이며, 북한 입장에서 남한은 세계 어느 저개발국가도 가지지 못한 경제성장의 견인차인 셈이다.

북한이 더 잘할 수 있다

한반도에서 창조적 혁신을 실행하는 과정에서 남한과 북한은 서로에게 상호보완적인 역할을 기대할 수 있다. 미래에는 남북한의 경제가 통합되어 하나의 시스템이 구축될 것이라고 가정해보면 북한에 첨단 인프라를 구축하는 것은 미래의 통합된 한반도, 다름 아닌 우리 자신에 대한 투자와 다름없다.

한반도 전체를 하나의 시스템으로 보았을 때 북한에 첨단 스마트시티를 건설하는 것은 다음과 같은 이유에서 매우 효율적이다.

① 첨단 인프라 구축의 효용 가치가 높다

인프라 구축은 건설 기간이 길고 막대한 비용이 소요된다. 뿐만 아니라 기존 인프라를 해체해야 하는 경우에는 추가 비용도 투입되어야 한다. 따라서 기술적으로는 차세대 인프라를 실현할 수 있다고 해도 실제로 새로운 시스템으로 전환하기까지는 여러 난관이 따른다. 남한에는 에너지·교통·통신망 등 주요 인프라가 이미 상당한 수준으로 구축되어 있다. 기술만을 고려하여 기존 인프라를 해체하고 새롭게 건설하는 것은 한반도 경제 시스템의 수익성 관점에서 효율적이지 않다. 남한에 첨단 기술을 적용하려면 기존 인프라를 해체하기 위한 별도의 비용과 투자가 필요하기 때문이다.

반면 북한의 인프라 수준은 현재 매우 미비하고 열악해서 부분적 개선보다는 완전히 새로 건설하는 것이 적합한 상황이다. 이 점이 오히려 새로운 시스템 구축의 효용 가치를 높여준다. 기존 인프라의 해체나 전환 비용 없이 인프라를 구축하는 것이 용이하기 때문이다. 또한 장기적 효용까지 고려했을 때, 기존 시스템을 적용하는 데 필요한 투자 비용과 비교해서 보다 발전된 첨단 기술을 반영한 시스템을 구축하는 데 필요한 투자 비용이 크게 차이 나지 않는 경우가 많다. 따라서 현재 남한의 인프라 수준보다도 훨씬 앞선 최신 기술을 적용한 차세대 시스템을 북한에 구축하는 것은 한반도 경제권의 관점에서 효용 가치가 매우 높다.

② 신속하고 효율적인 정책 추진이 가능하다

북한에서는 첨단 기술을 적용하거나 새로운 시스템을 시험해볼 수 있는 신도시 개발이 용이하다. 우선 최고 지도자의 의지와 당의 결정을 통해 필요한 정책을 신속하게 집행할 수 있다. 현재 북한이 지정해놓은 경제특구·개발구는 27개에 이르며, 필요하다면 추가로 새로운 지역을 지정하는 것도 가능하다. 경제특구·개발구에는 별도의 법률적 조치를 적용하여 지역별 특성에 맞는 스마트시티를 개발해볼 수 있다.

반면 남한의 신도시 개발에는 엄청난 비용과 복잡한 절차가 필요하다. 신기술을 적용한 스마트시티라면 법률과 제도 준비에 더욱 많은 시간이 소요된다. 새로운 시스템과 서비스를 구현하는 것에 대한 각종 이해관계자들의 반발도 빈번히 발생하기 마련이다. 이런 면에서 볼 때, 북한의 사회주의 정치체제가 첨단 기술과 새로운 시스템을 실험하기 위한 정책을 추진하는 데 더욱 유리하다고 볼 수 있다.

③ 토지 보상이나 건설 비용이 적게 든다

북한에는 사유재산권이 없으므로 토지 수용 문제나 보상에 대한 부담이 남한에 비해 현저히 적거나 없다. 물론 신도시 개발로 인해 거주지나 경작지를 이전해야 하는 기존 주민들에 대한 배려는 필요하겠지만, 국가가 대안을 제시하고 이를 집행하는 것이 남한에 비해 수월하다. 자본주의 사회에서 신도시를 개발할 때 개인 소유 부동산에 대한 보상 문제가 걸림돌이 되는 것을 고려하면 토지에 대한 사유재산권이 없다는 점이 큰 장점으로 작용할 수 있다.

건설공사에 투입되는 비용도 남한과는 다르다. 기본적으로 자연에서 채취하는 골재나 자원이 국가 소유이기 때문이다. 또한 북한에서는 대규모 토목 건설공사에 필요한 노동력으로 군대를 활용하는 경우가 많다. 남북한의 교류가 활성화되고 평화체제가 확립된다 하더라도 북한군의 대폭적인 감축은 실질적으로 어려운 상황에서, 상당수의 북한군을 공병으로 전환해 건설공사에 투입하는 방안을 생각해볼 수 있다. 이러한 상황을 감안하여 비용을 산정하면 도로·철도와 같은 인프라 건설을 남한의 3분의 1 정도 되는 비용으로 진행할 수 있을 것이라는 예측도 있다.

④ 이상적 도시 모델을 구현해볼 수 있다

남한에 새로운 도시를 건설하려면 엄청난 비용이 소요되므로 반드시 사업성이 뒷받침되어야 한다. 따라서 이상적인 시범도시를 설계하기보다는 개발 이익을 환수하기 위한 상업성에 초점을 맞출 수밖에 없다. 때문에 남한의 기존 도시를 재생시키고자 할 때 아무리 이상적인 기술이나 디자인을 보유하고 있더라도 단기간 안에 사업성이 확보된다는 보장이 없으면 막대한 비용을 투자받기 어렵다. 한국 신도시의 상가 지역에는 이러한 특징이 뚜렷하게 나타나 있다. 신도시 상가 지역의 대지는 작게 분할되어 분양되고, 그 위에 용적률을 높이기에만 급급한 형태의 건물들이 빼곡히 들어서 있다.

반면에 중국의 도시에서는 한국의 어떤 도시보다 건축 디자인 면에서 더욱 자유롭고 다양한 시도가 이루어지고 있다. 사회주의 체제 아래에서는 비록 단기적으로 보면 사업성이 낮다 해도 중장기적으로 볼 때 가치가 있고 이익이 된다면 정부가 주도하여 미래지향적 투자를 할 수 있다. 따라서 북한은 이상적인 도시를 시험해볼 수 있는 최적의 조건을 가지고 있다고 할 수 있다. 이상적인 스마트시티 모델을 남한이 아닌 북한에서 구현해볼 수 있는 이유다.

⑤ 시장과 산업 기득권의 저항이 없다

남한의 경우 새로운 기술을 적용하거나 서비스를 도입하는 과정에서 기존 기술과 경쟁을 거쳐야만 한다. 그런데 주도적인 몇몇 기업들에 의해 독점적인 시장이 형성되어 있는 분야에서는 기술의 혁신성만으로 시장 경쟁에서 우위를 차지하기 어렵다. 기존에 투자한 기업들이 일정 기간 동안 수익을 올리려고 전략적으로 움직이면서 신기술 도입을 의도적으로 지연시키는 경우가 종종 있기 때문이다.

또한 새로운 산업과 관련된 다양한 이해관계자와 기득권 세력들의 저항도 발생한다. 스마트시티에 자율주행차를 도입하고, 원격의료와 원격 교육 시스템을 적용한다고 가정해보자. 운송업체, 의료기관, 교육기관 등 다양한 이해관계자들의 반발을 불러올 수 있다. 이를 해결하기 위한 규제와 법률 개정에도 오랜 시간이 소요될 것이다.

그러나 북한에는 아직 이와 같은 시장과 산업 기득권의 저항이 매우 미약하다. 따라서 정책적 결정을 통해 신도시에 가장 적합하다고 판단되는 첨단 기술을 바로 도입하는 것이 가능하다. 남한의 혁신적 기업들은 북한에서 신기술을 실험하고 새로운 서비스를 상용화하는 기회를 얻을 수 있다.

소프트웨어 기반의 산업 육성

북한이 한반도 미래 산업의 전초기지로 육성되어 남한에서도 실행하기 어려운 4차 산업의 다양한 첨단 기술, 새로운 서비스와 솔루션을 실험하는 장이 되기 위해서는 '산업의 지능화'가 이루어져야 한다. 4차 산업혁명은 데이터를 관리하는 정보혁명이다. 즉, 지혜와 지능을 자동화하는 인공지능의 출현이다. 농업부터 군사 분야에 이르는 거의 모든 산업에서 인공지능이 활용될 것이다. 이러한 4차 산업혁명의 과정에서 하드웨어도 발전하겠지만, 막대한 데이터를 분석하고 관리하는 소프트웨어가 핵심적인 역할을 한다. 시장분석 전문업체인 IDC의 추산에 따르면, 2020년에는 전체 애플리케이션 중 80%에 인공지능 요소가 탑재될 것으로 전망된다.

미래 산업의 핵심이 될 소프트웨어 분야를 한반도 성장 동력의 중심으로 삼아야 한다. 그런데 남한은 소프트웨어 인력이 부족해 어려움을 겪고 있으며 모자라는 인력을 해외로부터 채우고 있는 상황이다. 반면 북한은 수준급의 실력을 갖춘 소프트웨어 인력을 보유하고 있는 것으로 알려져 있다. 해킹, 암호 기술에 뛰어난 북한의 소프트웨어 인력으로 남한의 인력 부족 문제를 해결할 수도 있을 것으로 기대된다. 이스라엘의 특수한 군대 조직 '탈피온'과 같이 북한의 군대를 첨단 기술을 배우는 양성소로 전환하는 것도 생각해 볼 수 있다. 병역 의무가 있는 인력의 10% 정도를 대상으로 소프트웨어 교육을 진행해 전문요원을 양성하는 등 발상의 전환을 시도할 필요가 있다.

세계 최초의 자율주행차 운행은 북한에서

이스라엘 히브리대학의 역사학자 유발 하라리^{Yuval Noah Harari} 교수는 그의 저서 《호모데우스^{Homo Deus}》의 한국어판 서문에서 재미있는 제안을 했다. 어쩌면 북한이 세계에서 가장 먼저 자율주행차가 운행되는 곳이 될 수도 있다는 이야기다. 서구 사회에서는 안전사고 문제에 대한 반대와 여러 가지 규제로 인해 자율주행차의 도로 운행이 어려운 반면, 북한에서는 중앙집권화된 의사 결정 체계가 현실적인 제약을 쉽게 극복하고 기술적인 도약을 가능하게 할 수 있기 때문이다. 북한에서는 교통 시스템을 아예 처음부터 자율주행차에 적합하도록 설계하고, 도시 전체를 자율주행차의 운행을 위한 테스트베드로 만들 수 있다는 것이다.

북한에 새로운 인프라를 구축할 때는 처음부터 새로운 기술에 최적화된 시스템을 도입하는 것이 가능하다. 기존의 도시 인프라를 개선하고 보완하는 것보다, 도시계획 초기 단계에서부터 스마트시티에 최적화된 인프라를 설계하는 것이 효율적임은 말할 필요도 없다. 이러한 시도가 북한의 경제를 비약적으로 끌어올릴 수 있는 새로운 가능성을 열어준다. 새로운 시스템을 적용하는 데 있어서는 선진국이든 개발도상국이든 비슷한 출발선상에 있다. 새로운 사업을 추진할 때 대기업과 중소기업이 비슷한 출발선에 있는 것과 마찬가지다. 남북한이 함께 협력할 경우, 양쪽이 가진 장점을 모두 활용해볼 수 있다. 남한이 가진 기술 경쟁력과 북한이 가진 테스트베드로서의 가능성을 접목하여 스마트시티의 개발 분야에서 세계를 선도할 수 있다.

새롭게 건설될 경의선 고속도로에 자율주행차를 위한 시스템과 교통 체계를 갖추면, 서울에서 평양을 거쳐 신의주까지 이동하는 구간에 여객을 위한 승용차나 버스만 다니는 것이 아니라 화물 운송을 위한 자율주행 트럭도 운행이 가능하다. 자율운송 시스템을 갖추면 경의선 고속도로는 24시간 내내 연결이 가능하면서도 안전한 남북한 물류의 대동맥이 될 수도 있다. 자율주행차만이 아니다. 자율주행선박을 위한 항만 시스템도 북한에 먼저 도입할 수 있다. 항만 인프라를 새롭게 확충해야 할 북한 지역에 처음부터 스마트 항만 시스템을 만드는 것이다. 스마트 항만 시스템을 도입하면 남한의 인천항이나 평택항과 북한의 해주항, 남포항, 신의주 지역을 연결하는 해상 루트에 자율주행선박이 상시적으로 다니는 것이 가능해진다.

또한 자율주행드론을 활용한 무인운송 및 택배 서비스도 북한에서 먼저 시도해볼 수 있다. 미래 스마트시티의 택시는 커다란 자율주행드론을 타고 이동하는 방식이 될지도 모른다. 기술 발전 수준으로 볼 때 이와 같은 혁신적인 서비스는 이미 실현 가능하지만, 기존의 도시에서는 다양한 규제와 안전상의 문제로 인해 신기술을 시험해보기 어렵다. 따라서 북한에 경제특구를 개발할 경우 처음부터 도로, 항만, 공항 등 도시 인프라를 자율주행차, 자율주행선박, 자율주행드론에 적합하도록 설계하고 시스템을 구축할 수 있다. 전 세계적으로 도시 인프라를 처음부터 새롭게 구축할 수 있는 곳은 많지 않다. 남북한의 협력을 통해 북한에 미래 도시 인프라를 설계하고 건설하는 것은 매우 흥미로운 프로젝트가 될 것이다.

개성공단 협력 모델의
한계

남북한 경제협력의 성공 사례 중 하나로 제시되는 것이 개성공단이다. 남한 중소기업 입장에서 볼 때, 개성공단은 중국이나 베트남 등어느 지역과 비교하더라도 경쟁력 있는 임금 수준을 갖추고 있고우리와 동일한 언어를 사용하는 우수한 노동력을 보유하고 있다는장점이 있다. 즉, 개성공단은 북한의 노동력과 남한의 자본이 결합한 대표적 사례다. 하지만 과연 개성공단 모델이 지속가능한 남북한 협력 모델이 될 수 있을까? 북한의 저임금 노동력을 활용한 산업 협력 모델을 무한히 확장하는 것이 과연 바람직할까?

우리는 흔히 북한에 개성공단과 같은 경제특구를 20개 정도 만들면 단기간에 북한을 성장시킬 수 있을 것이라고 생각한다. 남한의 기업은 저렴한 임금을 지불하고 북한의 우수한 노동력을 활용할수 있으니 남북한이 상생할 수 있는 모델이라는 것이다. 그러나 이와 같은 협력 방식은 남북한 경제협력의 초기 단계에서나 활용 가능하다. 개성공단 모델이 더 이상 지속가능하지 않은 이유는 다음과 같다.

첫째, 인간 노동력에 기반한 성장에는 한계가 있다. 4차 산업혁명은 노동을 효율화하고 공정을 자동화하는 스마트 제조 기술을 발전시킨다. 세계의 공장인 중국도 앞장서서 스마트팩토리를 구현하고 있다. 앞으로 제조업의 거의 모든 분야에 큰 변화가 일어날 것이다. 우선 자동화가 용이한 공정에서부터 인간 노동력이 퇴출될 가능성이 높다. 노동력에 의지하는 단순 임가공 형태의 제조 방식은 곧 세계시장에서 경쟁력을 상실하게 될 것이다. 남북한 경제협력에 있어서도 북한의 노동력을 활용하는 것을 뛰어넘어 다음 단계의 협력 방식을 구상해야 한다.

둘째, 북한의 임금 경쟁력은 영원하지 않다. 비록 현재 북한의 임금은 중국의 3분의 1 수준에 불과하고 베트남보다도 훨씬 저렴하지만 언제까지나 이런 상태를 유지한 채 남북한의 경제협력을 진행할 수는 없다. 북한의 임금 수준도 점차 올려야 한다. 북한의 경제 상황이 개선됨에 따라서 내수 소비도 진작시켜야 한다. 즉, 북한이 저렴한 노동력을 활용하는 제조기지에서 생산된 제품을 소비하는 시장으로 전환되기 위해서는 임금 수준도 현실화할 필요가 있다. 따라서 북한의 임금 경쟁력만을 활용하는 남북한 협력 방식은 오래 지속할 수 없다.

셋째, 지식 기반 산업과 4차 산업 분야의 협력이 필요하다. 남북한 경제협력 모델도 진화해야 한다. 북한의 노동과 자원, 남한의 기술과 자본을 서로 결합하는 것은 상호보완적 협력을 위해 자연스럽

북한의 저임금에 기댄 인간 노동력 중심의 개성공단 모델은 4차 산업혁명 시대에는
더 이상 지속되기 어려울 것이다.

게 진행되겠지만, 이 또한 협력 초기 단계의 이야기다. 장기적으로
는 북한이 미래 산업 분야에서 자체적인 성장 동력을 내재화할 수
있도록 유도할 필요가 있다. 노동과 자원 기반의 산업이 아닌, 지식
기반 산업 또는 4차 산업 분야에서 새로운 협력 방식을 추진해야
한다.

북한의 노동력만을 활용하는 기존 방식의 협력 모델은 점차 지
양해야 한다. 중장기적 성장 기반을 확보하지 못한 채 근시안적으
로 북한의 역량을 소진해서는 안 되기 때문이다. 물론 당분간 북한
노동력의 임금 경쟁력을 바탕으로 하는 산업 협력이 진행되어야겠
지만, 지식 기반 산업과 4차 산업 분야로 전환해갈 필요가 있다. 북
한의 경제특구·개발구 계획 단계에서는 미래 산업구조 변화를 염
두에 두고 설계해야 할 것이다.

북한의 지식 생태계 구축

개성공단 협력 모델을 탈피하기 위해서는 무엇보다도 북한에 성장 동력을 내재화하는 것이 중요하다. 단기간에 결실을 얻는 것에 만족하는 것이 아니라, 씨앗을 심어서 성장의 기반이 될 수 있는 생태계를 구축해야 한다. 단순히 북한의 자원과 노동력을 활용하는 것에 그치지 않기 위해서는 정부-기업-학계가 모두 연계된 생태계를 조성하고 경제활동이 선순환될 수 있도록 유도해야 한다.

그렇다면 북한에 성장 동력을 내재화하기 위한 요소 중 가장 중요한 것은 무엇일까? 바로 인재 양성이다. 북한이 보유한 최고의 자원을 활용함으로써 북한 스스로 물고기를 잡을 수 있도록 해야 한다. 그러기 위해서는 남북한의 모든 산업 협력 과정을 인재 양성과 연계할 필요가 있다. 하나의 산업단지와 배후도시를 개발하더라도 학교와 연구단지를 함께 연계하여 서로 시너지를 낼 수 있도록 해야 한다. 대학을 통해 배출된 인력이 기업에서 일자리를 찾고, 연구소에서 진행된 R&D 프로젝트를 발전시켜 벤처기업의 창업으로 이어지게 만들어야 한다.

즉, 산업과 학교, 연구기관을 서로 연결하는 가치 사슬이 지식 생태계의 핵심이다. 기업이 해당 지역의 대학이나 연구기관의 활동에 참여하도록 유도하고, 이를 통해 얻어진 결과물이나 육성된 인력을 기업이 다시 활용할 수 있어야 한다. 이 과정을 현실적으로 실현하기 위해서는 중앙정부나 시정부가 정책적으로 지원하는 체계가 필요하다. 특히 투자 네트워크, 인큐베이터, 액셀러레이터 등 벤처기업의 창업 과정에서 지원이 활발하게 이루어져야 한다. 실리콘 밸리가 성장할 수 있었던 것은 엔젤 투자부터 시작해서 기업을 공개[IPO: Initial Public Offering]하기까지 벤처기업의 성공을 지원하는 투자자들의 적극적인 역할이 뒷받침되었기 때문이다. 이를 통해 유망 기술과 아이디어를 가진 중소 벤처들이 특허를 확보하고, 그 특허를 바탕으로 비즈니스를 성장시킬 수 있는 기반을 마련하게 된다.

학교와 연구기관도 지식 생태계의 중요한 축이다. 김책공업종합대학, 평양이과대학과 같은 북한의 주요 대학과 글로벌 대학의 협력을 유도하고, 필요시에는 북한의 주요 지역에 분교 설립을 검토할 필요가 있다. 아울러 남한의 국책 연구소와 협력을 추진하는 등 해당 분야별 전문가·유관 기관·연구소를 연계하여 남북한의 지식 네트워크를 구축해야 한다. 특히 새로 개발되는 북한 경제특구·개발구에 이와 같은 지식 생태계를 만들기 위해서는 글로벌 우수 대학의 분교 설립, 남북한 대학 및 연구기관의 공동 연구, 북한 인재 육성을 위한 남한 기업과 대학의 교육 프로그램 운영 등 R&D 분야에서 남북한의 교류와 협력이 활발히 진행될 수 있도록 초기 단계에서부터 적극적인 정책 추진이 필요하다.

베트남 삼성전자 공장이 북한에 지어졌다면?

베트남은 사회주의 국가이지만 과감한 경제 개방과 외국자본 유치를 통해 성장을 지속하고 있다. 여기에 젊고 풍부한 노동력과 낮은 임금 수준까지 갖추고 있어, 한국 기업을 비롯한 여러 글로벌 기업들은 중국 다음으로 베트남을 제조기지로 선호하고 있다.

베트남 하노이에는 삼성전자의 휴대폰 공장이 있다. 삼성전자가 베트남에서 고용하는 인력은 16만 명에 달하는데 여기에서 생산되는 제품은 베트남 전체 GDP의 20%, 전체 수출액의 25% 정도를 차지하고 있다. 2016년 기준 베트남의 GDP 규모는 2,407억 달러이며 북한은 168억 달러 수준에 불과하다. 다른 조건을 배제한 채 단순히 계산한다면 삼성전자의 공장이 베트남이 아니라 북한에 지어졌을 경우 북한의 GDP가 3.8배 증가할 수 있다는 이야기다. 북한의 1인당 GDP를 665달러로 보았을 때, 삼성전자 공장 하나로 이를 단숨에 2,500달러 이상까지 끌어올릴 수 있다는 계산이 나온다.[1]

개성공단 기준으로 보면, 북한의 제조업 임금 수준은 중국의 3분의 1 이하이며 베트남보다도 훨씬 낮다. 더구나 북한은 우리와 동일한 언어와 문화적 배경을 가지고 있다. 공장 운영과 관리 측면에서도 지구상 어느 곳보다 유리한 조건이다. 지리경제학적 요인을 생각하면 더욱 경쟁력이 있다. 남한과 북한 사이에 철도와 도로망을 구축할 경우 북한의 인구와 산업이 밀집된 평양, 남포, 해주, 개성 등 주요 거점도시와 남한을 우선 연결하고 이를 통해 글로벌 시장에 진출하는 것도 용이하다.

만약 개성공단이 중단되지 않고 지속되었더라면, 삼성전자 휴대폰 공장도 베트남으로 가지 않고 북한으로 진출했더라면 어땠을까? 수많은 북한 인력이 고용되고, 낮은 임금의 우수한 노동력을 활용한 한국 기업은 경쟁력을 더욱 높일 수 있었을 것이다. 이를 통해 북한 주민의 소비 수준이 점차 향상되어 내수 시장도 훨씬 성장했을 것이다.

협력의 초기 단계에서는 베트남식 경제개발 모델을 활용해야 할 필요가 있다. 그렇기 때문에 하루빨리 남북한 경제협력을 진행해서 지금이라도 한국 기업들이 북한에 진출할 수 있도록 해야 한다. 그리고 이를 바탕으로 성장이 가속화되면 빠른 시일 내에 북한 경제를 선순환 궤도에 올려놓아야 한다. 북한 주민 전체의 소득을 단기간에 증대시키기 위해서라도 많은 인력을 고용할 수 있는 산업 분야의 협력을 우선적으로 추진하는 것이 효과적인 방법이다.

북한이 주도하고
남한은 지원

사실 그동안 제안되어왔던 남북한 경제협력 방식에는 남한이 주도한다는 전제가 암묵적으로 내재되어 있었다. 남한이 국제사회로부터 격리되어 있는 북한 경제에 대한 인도적 지원을 추진한 뒤, 이를 점차 상호보완적인 경제협력으로 확대해간다는 것이다. 이때 북한은 기회 요인이라기보다는 위험 요인으로 인식되었다. 북한 경제를 일정 수준까지 향상시키려면 인프라 구축이 불가피한데, 그 비용이 걱정되었다. 또한 이를 해결하기 위해 국제사회로부터 어떻게 투자를 받아 재원을 마련하느냐도 고민이었다.

남북 협력을 바탕으로 한 다자 협력 참여의 유도

하지만 이제 패러다임이 전환되고 있다. 만약 북미 간의 핵 문제가 성공적으로 해결된다면 전 세계의 자본이 북한을 매력적인 투자 대상으로 바라볼 가능성이 높다. 북한에 대한 접근을 꺼리게 만들었던 기존의 리스크 요인이 사라지면 한국은 북한에 투자하고자 하는 국제사회의 여러 그룹과 경쟁해야 할지도 모른다. 한국이 일방적으로 리드하는 방식의 남북한 경제협력은 우리가 원하는 대로 진행되지 않을 수도 있다는 이야기다.

따라서 남북 협력 방식을 구상할 때, 북한이 과연 우리의 구상을 그대로 받아들일 것인가 하는 북한의 수용성 문제를 먼저 검토해야 한다. 무엇보다도 북한의 특성과 상황에 적합한 산업을 육성하는 전략이 필요하다. 북한을 단순한 개발의 대상으로만 보지 말고 북한의 입장에서, 그리고 북한 주민들을 위해서 가장 적합한 것이 무엇인지를 고려해야 한다.

북한이 경제발전의 실질적 동력을 구축하기 위해 개방을 추진한다면, 북한과의 산업 협력뿐만 아니라 북한 내의 인프라 건설 분야에도 더욱 다양한 행위자들이 참여하게 될 것이다. 북한을 둘러싼 주변국들 또한 관심을 가질 수 있으며 한국은 다른 국가들과 경쟁해야 하는 위치에 놓일 수 있다. 특히, 한국과 중국이 경쟁하게 된다면 한국이 비교우위를 가지는 부분이 그리 많지 않은 것이 현실이다. 예를 들어 북한에 고속철도를 놓을 경우, 세계에서 가장 긴 고속철도의 시공 경험과 운영 노하우를 가지고 있는 중국은 가장 강력한 경쟁자다.

따라서 한국이 남북한의 경제협력에 영향력을 가지고 이를 통해 한반도 경제권을 성공적으로 구축하기 위해서는 북한과의 면밀한 협의와 설득이 필요하다. 남북한 협력을 통한 한반도 경제권 형성이 다른 어떤 경제협력보다 북한의 건강하고 지속적인 발전에 유리하다는 점을 알려야 한다.

북한이 국제사회로부터 무분별한 투자를 유치하게 되면 혼란은 불가피하다. 특히 투기성 자본은 단기적인 이익만을 우선하고 북한의 중장기적 성장 잠재력을 키우는 데는 관심이 없기 마련이다. 그러나 한반도의 미래를 함께 구상해야 하는 남한의 입장은 다르다. 남한은 북한의 경쟁력을 단기간에 소진해버리는 것이 아니라, 한반도 경제권의 미래 성장 동력을 확보해야 할 필요가 있기 때문이다. 따라서 북한과 함께 미래를 위한 올바른 전략적 결정을 내릴 우호적 파트너로 가장 적합한 것은 남한이다. 이 사실을 북한이 이해하도록 설득해야 한다. 그동안 북한은 남한과 적대적인 관계에 있었기 때문에 남한의 경제적 지원은 북한에게 도움이 될 수 있지만, 동시에 흡수통일에 대한 우려를 낳을 수도 있다. 따라서 우선 서로 신뢰를 구축하는 것이 남북한 경제협력의 선결 조건이 되어야 할 것이다.[2]

아울러 남북한이 함께 북한의 경제개발을 위한 거버넌스 구조를 제도적으로 만들고, 미래 한반도 경제권의 전략에 부합하는 방향으로 국제 협력을 이끌어야 한다. 남북한의 협력을 우선적으로 추진하고, 이를 바탕으로 국제사회 차원의 다자 협력에 대한 참여를 유도하는 방식이 적합하다. 남북한이 먼저 협의한 거버넌스 구조를 플랫폼으로 활용하여 전략적으로 선별된 외국자본의 투자를 허용하는 것이다. 예를 들어 북한 인프라 투자 재원 마련을 위한 '북한개발은행(가칭)'을 설립하기 위해 남북한이 우선 대주주로서 자본금을 투자하고, 운영 자금은 해외 민간 자본의 투자를 통해 마련하는 방식이다(93~96쪽 참조).

남북 협력 거버넌스 시스템

북한의 경제개발이 외국자본 유치를 통해 개방적으로 진행될 경우, 가장 문제되는 점은 무분별한 개발과 국부 유출이다. 해외 자본에 문이 열리면 다양한 국가와 투자기관들이 북한에 진출하기를 희망하게 될 것이다. 그렇기 때문에 국가 전체를 아우르는 관점에서 투자 계획에 대한 마스터플랜을 수립하고 조율하는 기능을 갖춰야 한다. 시장경제 체제와 대규모 개발에 대한 경험이 부족한 북한이 이를 효과적으로 수행할 것을 기대하기는 어렵다. 따라서 남북한 경제협력의 거버넌스 체계를 설계할 때 남한의 노하우를 반영할 수 있는 구조가 만들어져야 한다.

먼저 경제특구 및 개발구의 운용이 미비하고, 글로벌 시장경제에 대한 경험이 부족한 북한을 지원할 필요가 있다. 이를 위해서는 남한의 경험과 노하우가 북한 경제개발 과정에 잘 녹아들어 시너지를 낼 수 있는 시스템을 구축해야 한다.

이를 위한 방안으로, 남북한이 공동으로 협의 기구를 만들어 정책적 컨트롤 타워의 권한을 부여하는 것을 고려할 수 있다. 경제특구 또는 개발구의 정책을 관장하는 거버넌스 시스템에 남한의 전문 인력이 참여하는 방식이다. 이를 통해 경제개발구의 마스터플랜 작성 단계에서부터 남북한이 함께 참여하는 구조를 갖출 필요가 있다. 이 거버넌스 구조에 남한의 정부 또는 연구기관, 해당 분야의 전문 인력이 참여하도록 해야 한다. 그러기 위해서는 남한의 전문 인력이 경제특구·개발구 정책의 의사 결정 과정에 참여할 수 있는 시스템 마련이 필요하다. 예를 들어, 북한의 단천 지구에 자원개발 특구를 조성한다고 가정하면, 남한의 자원 개발 분야 전문 인력이 참여하는 의사 결정 기구를 통해 전반적인 계획을 수립하도록 하는 것이다.

이와 같이 특구 또는 개발구 단위로 적용되는 법률과 시정부의 거버넌스 체계를 수립하면, 북한 정부의 입장에서 다른 지역에 대한 부정적인 영향력은 우려하지 않으면서 융통성 있고 혁신적인 정책을 적용해볼 수 있다. 또한 중앙정부 또는 지역·시정부는 필요시 경제특구나 개발구를 추가로 지정할 수도 있다. 관련 법규 및 규제를 검토하여 특구·개발구법에 반영하고, 정부는 공공기관 협의회 및 교육기관 협의회와 연계하여 협력하도록 한다.

남북한이 협력하는 거버넌스를 구현하는 데 싱가포르 시스템이 참고가 될 수 있다. 싱가포르는 경제개발위원회EDB: Economic Development Board를 중심으로 하는 중앙집권적인 거버넌스 구조를 통해 정부 주도로 혁신성장 정책을 추진하고 있다. 정부가 임명한 위원들로 구성된 위원회가 투자와 관련된 제반 사항을 협의하고, 필요시 유관 기관들과 협업하는 컨트롤 타워로서 기능한다. 이와 같이 컨트롤 타워 역할을 하는 위원회에 남한의 해당 정부기관 인사나 전문가들이 참여하는 방안을 고려해보아야 한다.

정치적 통합은 늦추고, 경제적 협력은 자유롭게

우리에게 현실적으로 가장 유리한 통합 방식은 무엇인가? 가장 효과적인 방안은 남북한의 평화체제를 바탕으로 경제협력과 교류를 진행하여 점진적인 통합을 이루는 것이다. 독일의 통일 과정에서 얻을 수 있는 중요한 교훈은 갑작스런 정치적 통합은 경제적으로 매우 비효율적이라는 점이다. 독일의 경우, 통일 과정에서 철도나 도로 등 동독 지역의 인프라 구축에 들어간 비용은 전체 통일 비용의 12.5%에 불과한 반면, 사회보장성 비용으로는 전체 통일 비용의 50%가 사용되었다. 동독의 복지 수준을 갑자기 서독의 수준에 맞추려다 보니 일어난 결과다.

한반도의 경우도 마찬가지다. 어느 날 갑자기 남북한의 정치적 통합이 이루어졌다고 가정해보자. 하나의 국가가 된 이상 남한과 북한 주민 모두에게 동일한 임금과 복지 기준을 적용해야 한다. 거주 이전과 직업 선택의 자유를 억압할 수도 없다. 임금 수준이 높은 도시로 북한의 노동력이 일시에 몰리는 혼란이 발생할 수도 있다. 북한 지역의 노동생산성이 남한보다 뒤떨어진 상태에서 임금과 복지 수준을 인위적으로 동일하게 맞추는 것은 남북한 모두에게 유리하지 않다.

만약 남북한의 갑작스런 정치적 통합에 의해 고용 시장이 통합되고 복지 수준이 동일하게 맞춰지면, 남한 경제에 엄청난 부담을 초래할 뿐만 아니라 북한 경제에도 실질적 도움을 주지 못하게 될 것이다. 북한에 투자한 기업이 경쟁력을 잃으면 결국 북한의 고용 창출도 어려워지기 때문이다. 따라서 우리에게 가장 유리한 남북한 통합 방안은 국경선이 유지된 상태에서 점진적으로 경제적 교류와 협력을 진행하는 것이다. 정치적 통합은 유보한 채, 경제적 통합을 우선 진행함으로써 상호보완적 협력을 이루어 양쪽 모두 이익을 보면서 남북한의 격차를 조금씩 완화시킬 수 있다.

따라서 남북한의 정치적 통합은 최대한 늦추고 경제적 협력은 자유롭게 진행하는 것이 가장 바람직하다. 남북한의 체제가 서로 다른 상태에서는 인구 이동을 제어할 수 있으며, 남북한의 격차를 활용한 상호보완적 협력 관계가 지속될 수 있다. 이와 같은 이상적 상태를 유지한다면 미래의 통일 비용도 최소한으로 줄일 수 있다. 북한에 산업을 육성하여 경제의 자생력을 증진시키고 고용을 창출하면 북한 주민들에게도 간접적인 복지 혜택이 돌아가게 된다. 이런 과정을 통해 점진적으로 남북한 경제 수준의 격차를 줄여나가고, 활발한 교류를 통해 문화적 이질감도 어느 정도 해소한다면 정치적 통합은 적절한 시기에 무리 없이 이루어지게 될 것이다.

남북 간 비자 제도의 도입 가능성

이 책은 남북한의 경제협력이 원활하게 이루어질 수 있는 이상적인 조건을 가정한 것으로서, 정치적 요인은 모두 해결된 상태를 전제로 한반도 경제성장을 위한 다양한 가능성을 모색하는 데 중점을 두었다. 사실, 보다 원활한 경제 교류를 위해서는 남북한이 동일한 제도와 체계를 먼저 갖추는 것이 가장 이상적일 것이다. 그러나 경제적 협력에 앞서 정치적 통합을 기대하는 것은 오늘날의 남북관계 및 국제정치 현실을 고려해볼 때 쉽게 이루기 어려운 상황이다. 오히려 점진적인 경제 교류를 통해서 정치적 긴장의 완화를 추구하는 것이 문제 해결의 시작이 될 수 있다.

그러므로 정치적으로 큰 변화가 선행되기 이전에 시도해볼 수 있는 경제협력 모델의 구상이 필요하다. 대표적인 예로 사회주의 체제하에 있는 중국 광둥廣東성과 중국에 반환되기 전 홍콩 간의 경제협력 사례를 들 수 있다. 이러한 방식의 협력은 남북한의 정치체제가 하나로 통합되는 단계까지 가지 않고, 서로에게 적대적인 긴장 상태가 해소된 수준만 되어도 가능하다. 정치적으로는 각각 개별 국가로 유지되지만 경제적으로 강력하게 연계된 초국경 광역경제권의 형성을 초기 단계의 목표로 설정하는 것이다.

한국개발연구원도 경제적 격차가 어느 정도 좁혀질 때까지 남북한을 분리해서 운영해야 할 필요성을 제기한 바 있다. 10년 정도의 기간 동안 북한을 별도의 경제특별행정구역으로 지정해 인구 이동을 제한하고, 국민연금 및 화폐 등을 남한과 구분하여 운용해야 한다는 내용이다. 또한 독일식 흡수통일이 아니라, '중국·홍콩식 시간차 통합'을 바람직한 모델로 제시했다.[3]

남북한의 협력이 점점 심화되고 정치적 안정 상태가 지속되면 중국과 홍콩의 관계처럼 '일국양제─國兩制'를 통해 남북한의 점진적 통합을 추진하는 것도 검토해볼 수 있다. 정치적으로는 두 개의 국가로 기능하면서 경제적으로는 초국경 광역경제권을 중심으로 원활한 교류가 이루어지는 새로운 협력 관계를 시도해보는 것이다.

남북한 경제협력을 위한 가장 이상적인 조건으로는 남한과 북한이 각각 자율적인 경제체제를 유지하되, 물류의 이동은 자유로운 상태를 가정해볼 수 있다. 그러나 남북 간 전체의 인력 이동 제한 및 노동시장의 분리는 일정 단계까지 지속하는 것이 바람직하다. 남북한 주민이 상대 지역으로 출장이나 여행을 가는 경우에는 비자visa 제도를 도입하여 적용하는 것도 고려해볼 만하다.

생명체의 세포융합에서 배우는 남북한 통합 과정

가장 효율적인 남북한 통합 과정에 대한 힌트를 얻기 위해 생명체의 유기적 통합 과정을 살펴보자. 일반적으로 생명체는 세포분열 과정을 통해 세포의 숫자가 늘어나는 방식으로 생명 활동이 이루어진다. 하지만 효모와 같은 일부 세포들은 두 개가 하나로 합쳐지기도 한다. 세포가 융합되는 과정을 살펴보면 다음 표와 같다.

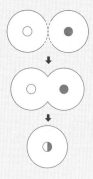

단계	세포융합	남북한 통합
1 단계	접합관 형성 세포벽 분해	정보 · 물류 · 에너지 **네트워크 인프라 구축**
2 단계	세포질 융합	상호보완적 **경제협력 활성화**
3 단계	세포핵 융합	**제도적 · 정치적 통합**으로 발전

출처 : 민경태, 〈서울—평양 네트워크 경제권 구축을 통한 한반도 성장전략 구상〉, 북한대학원대학교 북한학박사 학위논문, 2013, 8쪽.

처음에는 서로 다른 두 개의 세포 사이에 접합관이 형성되고 세포벽이 분해되는 과정이 진행된다. 이를 남북한 통합 과정에 대입해보면, 정보 · 물류 · 에너지망을 연결하는 네트워크 인프라가 구축되는 과정으로 볼 수 있다.

다음 단계에서는 세포질의 융합이 진행되는데, 이는 기능적인 통합 과정으로 볼 수 있다. 남북한 통합 과정에서는 남북한의 경제협력이 이루어지는 것에 해당한다. 이전 단계에서 구축된 인프라를 바탕으로 인력과 물류가 오가고 상호보완적인 산업 분업을 통해 경제협력이 진행되는 단계다.

그리고 마지막 단계에서 세포핵의 융합이 이루어진다. 국가권력의 핵이라고 할 수 있는 정치적 통합은 후순위로 미루어야 한다는 것을 의미한다. 남북한 간의 제도적·정치적 일치를 통해 완전한 통일에 이르는 것은 경제적 교류와 협력이 한참 진행된 후에 생각해도 늦지 않다. 즉, 정치적 통합에 대한 논의를 유보한 상태에서 인프라 구축과 점진적 경제협력을 먼저 진행하는 것이 바람직하다.

2장

한반도

혁신성장 프로젝트

남한과 북한은
궁합이 잘 맞는 천생연분

발상을 전환해보면 남북한은 서로 궁합이 아주 잘 맞는 상대다. 북한의 입장에서 바로 옆에 남한이 있다는 것은 이제까지 다른 어떤 저개발국가도 가지고 있지 못했던 호조건이 아닐 수 없다. 북한에게 남한은 같은 민족이면서 함께 통일을 지향하는 협력 파트너이자, 경제성장 과정에서 도움을 주는 훌륭한 멘토가 될 수 있다. 반대로 남한의 입장에서도 북한은 이제까지 다른 어떤 선진국이나 개발도상국이 가져보지 못했던 호재다. 북한은 침체되었던 남한의 기존 산업에 새로운 활력을 불어넣어주고 남한과 경쟁이 아닌 상호보완적 분업 구조를 형성할 수 있다.

남북한의 경제통합을 국가 간 M&A 관점에서 바라본다면 남한은 북한 경제 규모의 40배에 가까운 대기업에, 북한은 경영 상태가 부실한 중소기업에 비유해볼 수 있다. 북한은 남한의 절반에 불과한 2,500만 명의 저임금 직원들을 고용하고 있으나 보유한 부동산의 면적은 오히려 대기업인 한국보다도 더 크다. 게다가 한국이 전적으로 수입에 의존하고 있는 지하자원도 많이 가지고 있으며, 매력적인 관광자원까지 보유하고 있다.

대기업은 이미 경쟁력을 상실했지만 중소기업은 여전히 역할을 할 수 있는 분야가 있다. 따라서 남한에서 경쟁력을 잃고 해외로 이전했던 산업 또는 수입으로 대체했던 산업 분야일지라도 북한의 임금 경쟁력을 바탕으로 다시 육성할 수 있다. 중소기업인 북한과의 합병을 통해, 한반도로 제조업을 귀환시키는 리쇼어링Re-shoring이 가능해지는 것이다.

반면, 첨단 기술과 글로벌 경험이 필요한 분야에서는 대기업의 노하우가 중소기업을 견인해줄 수 있다. 즉, 남한의 지원을 받아 북한 제조업이 글로벌 경쟁력을 보유할 수 있게 되는 것이다. 이와 같이 남북한의 협력은 대기업과 중소기업의 상호보완적 합병을 통해 경쟁력을 상실했던 업종에 다시 새로운 활력을 부여하고 일자리를 만들어내는 효과를 창출할 수 있다.

두 기업 간 M&A가 이루어졌다고 해도 당장 모든 구성원에게 동일한 조건으로 급여와 복지 혜택을 제공하기는 어렵다. 남북한의 경우에도 마찬가지다. 하지만 북한의 현재 수준보다는 훨씬 좋은 조건을 제공하면서 이를 지속적으로 향상시켜나가는 것이 가능하다. 두 기업의 복지와 임금 수준의 차이를 일정 기간 유지하는 것을 계약 조건에 포함시킬 수 있다면 이것은 절대 손해 보지 않는 장사다. 남북한의 M&A를 통해서 중소기업 북한에 일자리를 창출하고 성장의 동력을 잃어가고 있는 대기업 한국에도 새로운 활력을 불어

넣는 방법을 적극적으로 모색해야 한다.

'한반도 M&A'는 미래 한반도 경제의 성장 동력을 남한과 북한의 융합에서 찾아보자는 것이다. 남북한 협력으로 만들어낼 수 있는 모든 분야에서의 새로운 생산성과 부가가치를 활용하자는 것이다. 남한과 북한의 융합 에너지는 한반도를 공간적 배경으로 하여, 정치·경제·사회·문화 전 영역에 걸쳐서 생성될 것이다. 따라서 다른 어떤 산업 간 또는 산업과 문화 간의 융합을 통해 얻어지는 에너지와도 비교할 수 없을 만큼 크다. 남북한의 상호보완적인 분업 구조를 형성함으로써 창출되는 새로운 가능성을 통해 일자리 부족, 인구 노령화, 성장 동력 상실 등 한국 경제가 당면한 주요 문제를 일시에 해결할 수 있는 엄청난 잠재력을 기대할 수 있다. 그동안 북한은 남한이 도움을 주어야 하는 대상으로만 인식되어온 반면, 남한의 미래 성장 전략을 위해 북한을 활용하려는 시도가 적었던 것이 사실이다. 그러나 경제적으로 매우 낙후된 북한의 현재 조건이 한반도의 미래 발전에는 오히려 긍정적으로 작용할 수 있다.

남북한의 장점을 결합하는 M&A

남북한이 서로 같은 민족이라는 사실은 무한한 발전 잠재력을 내포한다. 같은 언어를 사용하는 동일한 민족적 구성을 가진 남한이 글로벌 경쟁에서 훌륭한 성적을 거두었다는 사실은 북한에게도 동일한 기회가 있다는 의미로 해석된다. 북한이 남한과의 상호보완적 협력을 통해 새로운 방식의 도약을 추진할 수 있다는 가능성은 그동안 간과되어왔다. 사실 세계의 어느 개발도상국가나 체제전환국가도 북한과 같은 상황에 있지 않았다. 북한이 다른 저개발국가들과 가장 차별화되는 점은 남한과의 협력을 통한 시너지가 가능하다는 것이다.

남한의 경제 중심 지역인 수도권은 북한의 경제 중심 지역인 평양, 남포, 해주, 개성 등과 인접해 있어 다른 주변 국가들에 비해 북한과의 협력을 추진하기가 용이하다. 또한, 남한은 다른 어느 국가나 국제기구보다도 대북 지원 및 협력에 대해 강한 의지와 필요성을 갖고 있다. 북한의 경제 재건 초기 단계에서 필요한 공공투자 성격의 개발 지원도 결국에는 남한의 이익으로 전환될 수 있다는 점은 대단히 중요하다. 아울러, 남한은 북한이 추진해야 할 수출지향적 산업화에 필요한 대외 창구의 역할을 해줄 수 있으며, 남한이 저개발국에서 선진국으로 도약하기까지의 경제개발 경험을 북한에 전수해줄 수도 있다.[4]

세계 수준의 기술력을 보유한 남한의 기업들은 북한과 협력하는 과정에서 든든한 조력자가 될 수 있다. 남북한 네트워크 효과를 활용한 긴밀한 산업 협력은 북한 산업 발전을 위한 효과적 전략이다. 남한과의 산업 협력은 북한에 다른 어느 국가보다도 큰 이득을 가져다줄 수 있을 것이다. 짧은 기간 동안 괄목한 만한 경제성장을 이루어온 남한이 바로 옆에서 적극적인 조력자의 역할을 할 수 있다는 것은 북한만이 가지고 있는 큰 혜택이다. 남한의 역할에 의해 얻을 수 있는 성장 잠재력은 북한이 가지고 있는 어떤 초기 조건이나 과거의 사례보다도 강력한 영향력을 발휘할 것이다.

남한은 개발도상국으로서 빠른 경제성장을 이루어냈던 동력이 점점 약해지고 있고, 앞으로 다가올 새로운 경제체제에 대한 준비는 미흡한 실정이다. 기존에 양적 성장의 동력이 되었던 제조업의 경우, 중국이라는 '세계의 공장'과 힘겨운 경쟁을 벌이고 있다. 노동집약적인 분야는 이미 열세로 돌아섰고 기술집약적 분야 또한 격차가 좁혀지고 있다. 게다가 신성장 산업으로 여겨지는 바이오·에너지·녹색성장 산업 등에 대한 투자와 연구는 아직 기존 산업을 대체할 만큼 역량이 쌓이지 않았으며, 기술 선진국과의 경쟁도 만만치 않다. 다시 말해 남한 입장에서도 새로운 성장 동력을 확보하기 위한 새로운 전략이 절실한 상황이다.

1990년대 이후 한국의 경제성장률이 하락하면서, 한국이 일본의 모델을 따라가는 것이 아니냐는 우려도 나오고 있다. 일본은 급속한 도시화와 인구 증가를 통해 원가 경쟁력을 얻고, 이를 기반으로 한 수출 산업을 통해 발전했다. 그러나 이후 성장 동력을 상실했는데, 남한이 약 15년 정도의 차이를 두고 일본이 걸어간 과정을 따라가고 있다는 것이다.[5] 경제성장률 둔화와 함께 저출산과 고령화 문제도 가속화되고 있는 남한의 입장에서는 미래 성장 동력을 확보하기 위해 북한과의 협력이 더욱 필요한 상황이 되었다. 북한에게만 남한이 필요한 것이 아니라, 남한에게도 북한은 새로운 성장 동력을 가져다주는 중요한 협력 파트너이기 때문이다.

한반도 M&A는 한국 경제에 새로운 활력을 주는 동시에 경제 위기를 극복하는 돌파구가 될 수 있다. 저출산·고령화 문제의 해답도 여기에 있다. 현재 남한은 노동력 부족으로 인해 외국인 노동자를 수입하고 있다. 북한과의 경제통합은 이런 만성적인 노동력 부족 문제를 해결할 수 있을 뿐만 아니라 인구구조를 개선할 수 있는 방안까지 제시한다. 전체 인구의 평균연령을 낮추고 남녀의 성비 균형을 맞출 수 있기 때문이다. 남북한의 인구가 통합되고 한반도가 동북아의 경제 중심지로 성장하면 비즈니스 및 관광 등 관련 산업의 유동 인구를 포함하여 8,000만~1억 명에 육박하는 내수 시장을 확보하는 효과가 발생한다. 내수 증가를 통해 산업에 활력을 불어넣을 수 있는 실질적 해결책이 되는 것이다.

북한과의 경제협력은 한국 경제가 직면한 실업 문제의 해결 방안도 될 수 있다. 우선 남북한의 경제협력을 통해 청년들을 위한 새로운 일자리가 창출될 것이다. 각 분야의 경력을 보유한 남한의 장년층이 북한에서 교육·컨설팅·멘토링 분야에 진출하여 자신의 경험을 활용할 수 있게 된다면 2모작 고용 창출도 가능해진다. 또한, 남북한 경제협력 초기 단계에서 필요한 막대한 물량의 인프라 구축은 중동의 건설 붐을 뛰어넘는 건설업계의 활황을 가져올 수 있다.

이에 더해, 북한을 관통하는 동북아 교통망을 통해 유라시아 대륙과 직접 연결되면 한반도는 새로운 물류 중심지로 부상하게 된다. 그 결과 물류 관련 산업을 포함해 기존에는 상상하기 어려웠던 다양한 비즈니스를 창출할 수 있다. 북극항로 개발과 유라시아 대륙횡단철도를 결합하면, 부산항·원산항·나진항 등은 싱가포르처럼 아시아의 복합 물류 거점이 되는 전환점을 맞이하게 될 것이다. 한반도의 지리경제학적 장점을 바탕으로 북한의 관광자원과 남한의 서비스업 경험을 접목하면 새로운 차원의 관광 산업 진흥도 가능하다.

북한의 특성을 활용한 산업과 도시 개발

우선 북한이 이미 보유하고 있는 자체적인 경쟁력에 주목해보자. 지하자원, 관광자원, 기술 인재 등 각 지역별 특성에 따라 집중적으로 육성해야 할 산업을 선정하고, 거점으로 활용할 수 있는 중심도시를 개발해야 한다. 특히 동북아의 지정학적 환경 변화로 인해 평화적 교류와 협력이 가능한 시대가 오면 그동안 활용할 수 없었던 한반도의 지리경제학적 잠재력에 주목할 필요가 있다.

지하자원 활용 산업

북한에 매장되어 있는 광물자원의 가치는 3,200~7,000조 원으로 추정된다. 이는 마그네사이트, 희토류 등의 자원을 개발하여 부품 소재 산업을 육성시킬 수 있는 엄청난 잠재력이다. 단순한 자원 개발만이 아니라 IT 산업의 근간이 되는 부품 소재 및 관련 산업 육성을 다양한 관점에서 생각해보아야 한다.

관광자원 활용 산업

북한은 수려한 자연 풍광과 우수한 관광자원을 보유하고 있다. 백두산, 개마고원, 묘향산, 칠보산 등 여러 산악 명승지와 동해안의 아름다운 자연을 활용하면 남북한 연계 관광 프로그램을 구성할 수 있다. 단순한 관광 산업이 아닌 휴양, 의료 및 건강관리 등 웰니스wellness 산업으로 확장하여 육성하면 더 높은 부가가치를 얻을 수 있을 것이다.

북한 인재를 활용한 산업

기초과학기술, 군수 산업, 소프트웨어(암호화·해킹) 등의 분야에서 북한 기술 인력의 활용이 유망할 것으로 전망된다. 북한의 우수한 기술 인력을 남한 기업 및 연구기관과의 연계를 통해 산업 인력으로 육성할 필요가 있으며, 특히 군대가 보유한 인력에 대한 활용성을 제고할 필요가 있다. 군 병력을 소프트웨어 개발 및 토목·건설 전문요원으로 지정하여 필요한 산업 부문에 인력을 충원하는 것이다. 전문요원으로 교육받은 북한군은 경제개발 초기에 필요한 인프라 건설 프로젝트에 투입될 수 있다. 소프트웨어 개발 전문요원은 군대에서 양성 과정을 거치고, 제대 후에는 IT 산업에 진출하는 것도 가능하다.

한반도의 지경학적 경쟁력을 활용한 도시 개발

북한의 핵 문제가 해결되고 남북한이 평화롭게 교류할 수 있는 것 자체로 한반도가 가지고 있는 거대한 리스크가 제거된다는 점에 주목해야 한다. 한반도에 평화체제가 실현되면 DMZ 등 접경 지역도 개발할 수 있을 것이다. 대륙과 해양을 연결하는 접점으로서 한반도의 잠재력과 가능성에 주목하고, 지역적 특성을 활용한 산업들을 적극 육성해야 한다. 동북아 교류와 협력이 활발해지면 네트워크의 허브가 되는 지역은 물류 거점도시로 성장 가능하며, 다양한 관련 산업을 창출할 수 있다.

남북한 인구 통합의
효과

북한과의 경제통합은 한국이 갖고 있는 고질적인 문제를 완전히 새로운 방식으로 해결할 수 있는 기회가 될 수 있다. 그중에서도 특히 저출산·고령화 문제는 상당 부분 해결이 가능해 보인다. 남북한의 인구를 산술적으로 합산해보기만 해도 인구구조의 불균형이 해소될 실마리가 보여 남북한 인구 통합의 긍정적인 효과를 기대할 수 있기 때문이다.

바람직한 인구구성

남한에서는 남아 선호 현상 때문에 성비(여자 100명당 남자의 숫자)가 항상 100을 초과해왔다. 그런데 통계청이 발표한 '북한의 주요 통계지표'에 따르면 2016년 기준 북한의 성비는 95.3이다. 남북한의

남북한의 성비 현황

연도	남한			북한		
2016	남(천 명)	여(천 명)	성비(명)	남(천 명)	여(천 명)	성비(명)
	25,694	25,552	100.6	12,153	12,743	95.3

출처 : 통계청

인구를 합칠 경우 성비는 98.8이 되어 균형적으로 변화할 수 있다. 북한에서 여성 인구의 비중이 높은 것은 외화벌이를 위해 벌목 작업 또는 해외 건설 사업에 동원되거나 군대에서 사고를 당하는 등 남자들이 일찍 사망하는 경우가 많기 때문인 것으로 보인다. 또한, 의료 기술이 낙후된 북한에서는 출산 전에 태아 성감별을 하지 못하는 것도 여성 비율이 높은 이유라고 추정된다.

2016년 기준으로 북한 남성의 기대수명은 66.2세로 남한 남성보다 13.1년이 적으며 북한 여성의 기대수명 역시 72.9세로 남한 여성보다 12.5년이 짧다. 물론 남북한 경제통합이 진행되면서 북한의 경제력이나 의료 수준이 높아지면 이런 차이가 완화되어 남한과 비슷한 수준으로 변화하게 될 것이다. 하지만 단기적으로 보면 남북한 인구를 통합할 경우 남한의 고령화 현상이 완화되고 젊은 여성 노동력도 풍부해져 바람직한 인구구조를 이루는 데 긍정적인 영향을 줄 것으로 전망된다.[6]

전 세계적으로 고령화 문제가 심각해지고 있는 가운데 남한은 2018년에 65세 이상 인구 비율이 14%를 초과하는 '고령 사회'에 진입하게 된다. 2050년엔 65세 이상이 전체 인구의 38.2%를 차지해 세계 최고령 국가가 될 것이라는 연구 결과도 있다. 고령화의 가장 큰 원

남북한의 출산율 전망

기간	남한(명)	북한(명)
2010~2015	1.23	1.95
2016~2020	1.07	1.89
2020~2025	1.00	1.86
2026~2030	0.96	1.83

출처 : 〈World Population Prospects: The 2017 Revision〉, United Nations Population Division, 2017.

인은 낮은 출산율이다. 남한의 출산율이 점점 낮아지고 있어 2100년 경이면 남한과 북한의 인구가 비슷해질 것이라고 전망하기도 한다.

물론 북한도 남한만큼은 아니지만 출산율이 점차 감소되어 고령화 현상이 나타날 것으로 예상된다. 하지만 최근 20여 년 동안 출산율이 높았기 때문에 아직까지 북한은 남한에 비해 인구구성이 젊다. 남북한의 인구를 단순히 더하면 인구피라미드상에서는 긍정적인 변화가 있을 것이다. 그러나 여기에도 문제가 있다. '고난의 행군' 시절을 겪어오면서 북한의 젊은 세대들의 건강에 영양부족, 질병 등으로 인한 결함이 생겼을 수도 있다는 점이다. 한반도의 미래를 위해서라도 하루빨리 북한에 대한 인도적 지원을 활성화하여 의료품과 식료품이 충분히 공급되도록 할 필요가 있다.

인구 1억의 새로운 시장 탄생

한국이 일본에 비해 경제적인 면에서 경쟁력이 부족한 이유 중의 하나가 내수 시장 규모의 열세라는 지적이 있다. 글로벌 시장을 대상으로 하는 수출 경쟁력을 갖추기 이전에 내수만으로도 어느 정도 수준의 소비가 이루어져 산업의 성장 동력을 확보할 수 있는 기본적인 인구 규모를 보통 1억 명 정도로 본다. 현재 남한 인구는 약 5,000만 명이고 북한 인구는 약 2,500만 명이므로, 남북한의 인구를 산술적으로 통합하면 총 7,500만 명이 된다. 세계에서 19번째로 인구가 많은 국가가 되는 것이다.

그러나 내수 시장에만 의존하는 경제성장 전략은 미래의 지속가능성을 보장받지 못한다. 최근 다자간 FTA 체결이 확대되고 있기 때문에 세계 각국은 개방된 시장에서 글로벌 경쟁력을 갖출 것을 요구받는다. 따라서 내수 시장만을 목표로 하는 것은 일본이 겪었던 '갈라파고스 현상'과 같이 오히려 글로벌 경쟁에서 고립되고 도태되는 상황을 초래할 위험이 있다. 이제 시장은 국경을 초월하여 광역경제권 단위로 접근할 것을 요구한다. 예를 들어, 북한과 중국·러시아 접경 지역의 경우, 주변 도시들의 경제적 연계성이 높아지면서 광역경제권으로 성장할 가능성이 높다. 따라서 국경을 기준으로 시장을 분리하기보다는 상호연계성이 높은 도시들로 이루어진 초국경 광역경제권으로 눈을 돌려야 한다.

남북한의 경제적 통합이 진행되고 한국이 유라시아 대륙과 육로로 직접 연결되는 미래에는 국가 단위의 시장 개념보다 '한반도 경제권'이라는 개념이 더 적절해 보인다. 이런 관점에서는 남북한을 통합한 경제권뿐만 아니라 중국·러시아와의 접경 지역 도시들도 초국경 광역경제권으로 한데 묶어서 볼 필요가 있다. 즉, 북한의 신의주·삭주·만포·강계와 중국의 랴오닝遼寧성 지역을 연계하는 한반도 북서부 광역경제권, 북한의 청진·김책·나진·회령·온성과 중국의 지린吉林성 지역 및 러시아의 극동 지역까지 연계하는 한반도 북동부 광역경제권이 모두 한반도 경제권에 포함되는 것이다.

북한 지역에 새로운 사업과 고용의 기회가 생기면 국내외의 많은 기업들이 한반도로 몰려올 것이다. 한반도가 동북아 경제의 중추적 허브로서 외국 기업에게도 매력 있는 투자처가 되면, 해외투자와 인구 증가를 촉진시킴은 물론이고 관광 중심지로도 성장하게 될 것이다. 오늘날의 내수 시장 개념은 거주 국민의 인구만으로 국한되지 않는다. 한반도 경제권과 긴밀하게 연결된 주변 국가의 경제 인구 및 유동 인구를 포함하면 한반도 경제권의 시장 규모는 지금과 비교가 되지 않을 정도로 엄청나게 커질 수 있다.

그렇게 되면 실제로 한반도와 직접 연결된 경제권의 인구는 현재 남한의 두 배가 되는 1억 명에 육박하게 되고, 여기에 기반하여 현재와는 다른 산업 발전 패러다임이 가능하다. 대외경제정책연구원에 의하면 인구가 7,000만 명 이상이 되면 내부적으로 생산·소비·투자가 연쇄적으로 올라가는 '규모의 경제'를 실현할 수 있다고 한다. 특히 북한·중국의 접경 지역에는 한글을 사용하는 다수의 한민족 동포가 거주하고 있다. 국경을 초월한 한반도 경제권은 같은 언어와 문화·역사를 가졌기 때문에 통합의 효과가 유럽연합EU의 경우보다 훨씬 클 것으로 예상된다.[7]

신규 고용 창출 및
장년층 경험 활용

한국 경제가 당면하고 있는 여러 가지 문제들 중에서도, 청년 실업 문제와 장년 실업 문제는 매우 심각한 상황이다. 북한과의 경제협력이 장차 이 두 가지 난제를 모두 해결할 묘수가 될 것으로 보는 시각이 많다. 정말 남북한의 경제협력으로 남한의 실업 문제를 해결할 수 있다면, 그 자체만으로도 당장 남북한 경제협력을 추진해야 할 이유로 충분하다.

청년 실업 문제의 획기적 해법

고도성장기를 통과한 개발도상국 한국은 이제 새로운 일자리를 창출하는 것이 쉽지 않으며 그중에서도 청년층의 실업과 미취업은 특히 심각한 문제다. 국제노동기구[ILO] 기준으로 볼 때 한국의 전체 실업률은 3% 수준이라고 하지만, 청년실업률은 7%가 넘는다. 구직을 포기한 사람 등 사실상의 실업자를 포함하면 청년실업률이 20% 이상일 것이라는 이야기도 있다.

남북한 경제협력과 인구 통합은 온 나라를 짓누르고 있는 청년 실업 문제의 획기적인 해법을 마련해줄 계기가 될 수 있다. 한국은 다른 어떤 나라도 가지지 못한 기회를 가지고 있는 것이다. 이와 관련하여 남북한 경제협력을 통해 생겨나는 새로운 비즈니스와 일자리 수요에 주목할 필요가 있다.

한반도는 동북아시아의 지경학적 요충지에 자리 잡고 있지만 남한은 현재 남북한의 분단으로 인해 유라시아 대륙으로부터 단절되어 섬과 같은 상태다. 여기서 흥미로운 점은, 단지 이를 연결하는 것만으로도 새로운 고용 창출의 기회와 가능성이 열릴 수 있다는 것이다. 한국이 유라시아 대륙과 육로로 연결되면 한반도는 동북아시아의 주요 교통망이 통과하는 네트워크 허브 역할을 하게 될 것이고 자연스럽게 물류 산업의 중심기지로 부상한다. 해양과 대륙을 연결하는 중간 기착지로서의 역할에 따른 새로운 비즈니스와 서비스 업종이 발달할 수 있는 최적의 조건이 형성되는 것이다.

이와 동시에, 북한의 노동·자원 기반 산업 경쟁력을 활용하여 기업을 유치하고 글로벌 자본의 투자를 적극적으로 유도한다면 북한 지역에서의 신규 비즈니스 창업으로 이어질 수 있다. 이런 환경은 남한의 청년들에게 새로운 창업 기회를 열어주고 일자리 창출에 큰 기여를 할 것이다.

지금 한국의 많은 젊은 세대가 경제적 부담을 이유로 통일을 원하지 않는다는 이야기가 들린다. 하지만 남북한의 경제협력과 통일의 덕을 가장 많이 보는 세대는 오히려 젊은 세대가 될 것이다. 이런 면에서 볼 때, 한국의 기성세대가 젊은 세대에게 줄 수 있는 가장 큰 선물은 바로 한반도의 통일이다.

100세 시대의 2모작 고용 창출

현재 한국의 사회 및 산업구조에서는 장년층을 위한 2모작 고용 기회를 만드는 것이 쉽지 않다. 그러나 남북한의 경제협력이 진행되는 상황을 전제로 한다면 이야기가 달라진다. 북한 전역에서 진행되는 경제개발 프로젝트는 북한의 자체 인력만으로는 진행하기 어렵다. 이를 보완하기 위해 한국의 경험 많고 유능한 인력이 남북한 경제협력의 전 분야에 투입될 필요가 있다. 장년층의 경험을 살릴 수 있는 교육·컨설팅·멘토링 분야에 대한 수요가 늘어날 것이 분명하다. 북한 인력에 대한 한국 장년층의 교육·컨설팅 분야 지원은 문화적인 면에서도 긍정적이다. 특히, 유교적 전통과 연장자에 대한 배려 풍습이 남아 있는 북한 사회에서는 남한 젊은이로부터 뭔가를 배운다는 것에 대해 거부감이 있을 수 있다. 이런 상황에서는 경험이 풍부한 중년 이상의 교육자와 컨설턴트들이 더욱 효과적으로 역할을 수행할 수 있을 것이다.

이런 면에서 보자면, 남북한 통합 과정에서는 교육 분야에 대한 우선적 협력이 매우 중요하다. 그중에서도 북한의 젊은 세대 및 차세대에 대한 교육이 빠르게 이루어져야 남북한 사회 구성원들을 보다 수월하게 통합시킬 수 있다. 젊은 세대 및 차세대는 북한의 획일적 교육 방식이나 남북한의 문화적 차이를 비교적 빨리 극복하고 새로운 문화나 사고방식을 쉽게 받아들일 수 있기 때문이다. 따라서 남한의 경험 있는 교육자들이 유치원부터 시작하여 초·중·고·대학교에 이르는 교육계 전반에서 활동하며 북한의 다음 세대를 가르칠 수 있을 것이다. 특히, 영어 및 컴퓨터 분야의 수요가 가장 많을 것으로 예상되며 통일 한반도 차원에서 새롭게 배워야 할 사회·역사·국어 분야 교사에 대한 수요도 많을 것이다.

기업의 기술 교육기관, 비즈니스 컨설팅기관 등에서도 한국의 경제 부흥 시기의 경험과 노하우를 전수할 수 있는 한국 장년층 경험 인력에 대한 수요가 늘어날 것으로 보인다. 아울러, 건설업·영농·관광 등의 분야에서도 선진 기법을 전수해주는 역할을 담당할 수 있다. 농업 분야의 구체적 예를 들자면, 한국 사회의 귀농 바람을 북한과의 영농 협력으로 연결시키고, 한국의 농업 자재 지원과 북한의 노동력을 결합하는 새로운 모델 창출이 가능할 것이다.

이러한 노력은 궁극적으로, 한국 사회에 고용 창출의 선순환 효과를 가져올 것으로 기대된다. 경제개발 시기에 경험을 쌓은 장년층이 북한의 교육 훈련, 컨설팅, 사업 지도 등의 분야로 이동하여 새로운 직업을 가지게 되면 자연스럽게 청년층에게도 새로운 고용 기회가 주어질 수 있기 때문이다.

북한을 주목하는
투자자들

최근 두 차례의 남북 정상회담과 북미 정상회담이 순조롭게 진행된 이후 북한 투자에 대한 국제사회의 시각과 분위기가 달라졌다. 이런 움직임은 북한과 국경을 마주하고 있는 중국에서 먼저 느껴진다. 중국 정부는 자국 기업인을 소집해 북한의 개혁·개방에 대비해 북한에 대한 투자를 선제적으로 실행하라고 독려하고 있다고 한다.

이미 북한 사업가들이 대거 중국을 찾아 투자 유치 활동을 펼치고 있다. 중국 랴오닝성 다롄大連시 정부 관료는 "북한이 개방하기로 마음을 굳혔다. 북한에 우선적으로 진출할 수 있도록 미리 준비해야 한다. 자칫하면 한국과 미국 기업에 선점 기회를 빼앗길 수 있다. 기업들은 서둘러 대북 투자 계획을 세워달라. 정부는 비공식적으로 뒤에서 지원하겠다"고 말했다고 전해진다.[8]

또한 북한 부동산에 대한 관심도 매우 높다. 북한이 대외 개방에 나설 경우 낙후 지역을 개발할 수밖에 없고, 따라서 개발 과정에서 부동산 가격이 급등할 것이니 미리 부동산을 사둬야 한다는 견해도 나오고 있다. 부동산 투자의 열기는 북한에 인접한 중국 지역에서도 쉽게 확인된다. 북한과 접한 랴오닝성 단둥丹東과 지린성 훈춘琿春 등 중국 지역 부동산 가격이 계속 오름세를 보이고 있다. 훈춘의 부동산 값이 어디까지 오를지 아무도 모른다는 말까지 나올 정도다.

북한의 가능성에 주목하고 있는 투자자들도 늘어나고 있다. 대표적인 인물로 세계적인 투자의 귀재, 짐 로저스Jim Rogers 로저스홀딩스 회장을 꼽을 수 있다. 그는 북한의 인력과 자원, 한국의 경험과 자본이 결합하면 세계적 불경기 속에서도 한반도는 가장 흥미로운 곳이 될 것이라며, 군사적 대치가 해소되고 상당한 수준의 경제협력과 인적 교류가 가능한 '사실상의 통일'이 3~4년 내에 이루어질 것으로 예상했다. 또한 북한이 이미 주식, 은행 같은 금융 시스템을 익혔기 때문에 주식시장이 곧 열릴 것으로 전망하기도 했다.[9]

짐 로저스 회장은 국내 한 언론과의 인터뷰에서 남북 통합이 시작된다면 전 재산을 북한에 투자하고 싶다고 말했다. 또한 통일 한국이 동북아 지역의 생산·투자·교통의 중심지가 될 것이며, 21세기의 가장 강력한 국가 중 하나로 떠오를 것이라고 예측했다. 이만큼 흥미진진하고 성장 가능성이 큰 나라는 지구상에 없다는 것이다. 그러나 만약 통일되지 못할 경우, 고령화 인구가 증가하고 있는 한국은 거대한 '양로원'으로 전락할 수 있다고 경고하기도 했다.[10]

1987년 미국 증시의 대폭락을 예측해 '닥터 둠Dr. Doom'으로 불리는 월가의 비관론자 마크 파버Marc Faber도 통일의 신호가 포착되면 세계의 펀드매니저들이 한국 증시에 투자하기 위해 뛰어들 것이라고 말했다. 그는 통일 한국의 관광 산업도 유망할 것으로 보았는데, 잠재적인 해외여행객이 1억 명에 이르는 중국으로부터 많은 관광객들이 한국을 찾게 될 것으로 보았다.[11]

모건스탠리의 루치르 샤르마Ruchir Sharma 신흥시장·세계거시경제 담당 총괄 대표는 만일 통일이 된다면 한국에 대한 투자 비중을 바로 늘릴 것이라고 말했다. 그는 북한의 열악한 사회간접자본 실태를 감안할 때 통일 이후 북한의 도로·철도·항만·주택 건설 등에 활발한 투자가 이루어질 것이라며, 저성장을 겪고 있는 한국 경제가 투자를 통해 경제성장률이 높아지는 새로운 선순환 투자 사이클에 진입할 수 있는 기회를 얻게 될 것이라고 말했다.[12]

전문가들은 남북통일이 국가 신용 등급에도 큰 호재가 될 것으로 예상한다. 골드만삭스, 모건스탠리, 도이치증권, 씨티그룹, 맥쿼리, 크레디트스위스 등 6개 주요 글로벌 금융회사 모두 통일 후 한국 경제의 신용 등급 전망에 대해 긍정적인 전망을 내놓았다. 남북통일이 되면 단기적으로는 막대한 통일 비용에 대한 우려가 있겠지만, 중장기적으로 보면 국가 신용 등급이 뛰어오를 것으로 보는 전망이 우세하다. 전쟁 위험 국가로 인식돼 '코리아 디스카운트'를 적용받던 한국이 미래 성장 가능성과 세계 최고 수준의 신용도를 자랑하는 '프리미엄 경제'로 도약할 수 있다는 것이다. 이렇듯, 현재까지는 통일이라는 이벤트가 한반도의 경제 활성화에 대한 국제사회의 기대치를 높이게 될 것이라는 전망이 우세하다.[13]

북한은 미래 자원의 보고

현재 북한에 매장되어 있는 지하자원의 경제적 가치는 3,200조 원에서 7,000조 원까지로 추정된다. 2011년 통계청은 '북한의 주요 통계지표' 보고서에서 북한 광물의 잠재 가치를 약 6,983조 원으로 추산했고, 2016년 한국광물자원공사는 약 3,000조 원으로 추산했다. 북한의 지하자원을 제대로 개발하기만 해도 인프라 구축과 경제개발을 위한 투자 재원은 걱정하지 않아도 될 정도다. 그렇지만 현재는 북한의 에너지 공급 사정이 좋지 않아 실제로 활용하고 있는 광산의 생산 능력은 전체의 20~30% 수준에 불과하다. 만약 우리가 전력 공급망을 구축하고 광산설비를 현대화해준다면 생산량을 크게 증가시킬 수 있을 것이며, 한국은 이를 통해서 미래의 에너지자원 전쟁에 대비할 수 있다.

북한 지하자원 개발은 남북한 경제협력이 재개되면 가장 우선적으로 진출해야 할 분야다. 만약 우리가 선점하지 못한다면 북한 지하자원의 가치에 대해 관심을 갖고 투자하려는 여러 나라들이 경쟁적으로 뛰어들 것이 뻔하다. 한국광물자원공사에 따르면 현재 북한에는 728개의 광산에 42종의 광물이 매장되어 있다. 석탄 광산이 241개, 금·구리 등 금속 광산이 260개, 인회석·마그네사이트 등 비금속 광산이 227개다. 외국 기업과 개발 관련 투자 계약이 체결된 광산은 전체의 약 5.2%에 불과하다. 특히 중국은 북한의 지하자원 개발에 무척 적극적인데, 북한이 광물자원 개발과 관련해 외국과 체결한 계약 중 87%가 중국과 맺은 것일 정도다.[14]

상화탄광(석탄)

6월13일탄광(석탄)

고건원탄광(석탄)

오룡광산(철)

무산광산(철)

나선특별시

부윤광산(니켈)

함경북도

3월5일광산(동)

대흥광산(마그네사이트)

혜산광산(동)

용양광산(마그네사이트)

양강도

검덕광산(아연)

신원광산(흑연)

운산광산(금)

자강도

동암광산(인회석)

덕현광산(철)

함경남도

상농광산(동)

철산광산(희토류)

평안북도

용포광산(희토류)

서창탄광(석탄)

2.8직동탄광(석탄)

천성탄광(석탄)

용흥광산(몰리브덴)

평안남도

영삼광산(티탄)

평양

만년광산(중석)

순천광산(석회석)

수안광산(금)

강원도

은률광산(철)

황해북도

김화광산(망간)

황해남도

압동광산(탄탈륨)

은파광산(아연)

평산광산(우라늄)

정촌광산(흑연)

출처 : 북한자원연구소

만약 북미 관계가 호전된다면 막대한 자본과 숙련된 기술을 갖춘 미국의 자원 개발 광산업체도 북한의 자원 개발 사업에 진출하려고 할 것이다. 우리가 안이하게 있다가는 한반도의 가장 중요한 미래 성장 동력 중의 하나를 놓치게 될 수 있다.

북한 주요 지하자원 잠재 가치

광종	단위	매장량		잠재 가치(백만 달러)	
		확보(잔존)	확보+전망	확보(잔존)	확보+전망
금	톤	234	698	8,084	24,134
은	톤	2,587	6,357	1,594	3,917
몰리브덴	톤	9,745	18,745	177	340
중석	톤	36,892	146,016	15	61
니켈	톤	69,582	147,638	1,433	3,041
동	천 톤	1,475	4,235	10,048	28,855
중정석	천 톤	2,319	15,397	399	2,652
연	천 톤	2,597	9,988	5,067	19,484
망간	천 톤	2,989	2,989	7,840	7,840
형석	천 톤	3,345	5,350	811	1,298
아연	천 톤	8,875	27,425	19,346	59,781
인상 흑연	천 톤	14,596	14,596	13,436	13,436
인회석	천 톤	131,748	250,738	20,695	39,385
무연탄	억 톤	9	42	117,993	535,422
마그네사이트	억 톤	13	76	498,271	2,933,820
철광석	억 톤	14	25	137,641	243,038
갈탄	억 톤	15	180	192,102	2,301,406
총계				1,034,952	6,217,910

출처 : 북한자원연구소(가격 기준: 2005~2014년 평균 수치)

북한에는 석회석, 마그네사이트, 철광석, 무연탄, 금 등 42개 광종이 매장되어 있다. 특히 현재 한국이 전량 수입하여 사용하고 있는 마그네사이트와 희토류 매장량이 상당한 것으로 알려져 있다. 내화耐火 자재의 원료가 되는 마그네사이트의 매장량은 세계 3위권이며, 반도체 등 IT 부품의 원료에 필수적으로 쓰이는 희토류도 풍부하다고 한다. 또한, 철광석·아연·구리 등 한국이 수입에 의존하고 있는 산업용 원료 자원의 보유량도 큰 규모다. 북한의 철광석 매장량은 24억 7,000만~50억 톤으로 추정되는데, 이는 한국 매장량(3,200만 톤)의 77~156배에 달하는 양이다. 북한의 구리 매장량은 한국의 83배, 아연은 53배가량으로 추정되고 있다.[15]

북한이 전기자동차와 디스플레이의 핵심 부품으로 사용되는 희토류와 니켈에 대해서는 아직 외국 기업과 생산 계약을 체결하지 않았다는 것은 희망적이다. 희토류는 화학적 안정성과 뛰어난 열전도성으로 전자 제품, 광학 유리, 금속 첨가제, 촉매제 등 첨단 산업의 원재료로 사용된다. 한국광물자원공사에 따르면 북한에 매장된 희토류의 양은 황해남도 덕달광산에 2,000만 톤, 평안북도 용포광산에 1,700만 톤, 강원도 압동광산(탄탈륨)과 김화광산(망간)에 각각 1,100만 톤인 것으로 추정된다.[16] 북한자원연구소는 북한에 약 15만 톤의 니켈이 매장되어 있다고 밝히기도 했다. 남북한 자원 개발 협력을 통해 희토류, 니켈 등 4차 산업혁명에 필수적인 광물의 안정적인 수급처를 얻을 수 있다는 이야기다. 자원 개발과 부품 소재 산업을 연계, 육성하면 IT 제품의 경쟁력 또한 제고할 수 있다.

아울러 북한 자원의 개발은 광산에서부터 가공시설에 이르기까

북한의 주요 희토류 부존 지역

철산광산
20만 톤

용포광산
1,700만 톤

김화광산
1,100만 톤

압동광산
1,100만 톤

덕달광산
2,000만 톤

출처 : 한국광물자원공사

지 다양한 분야에서 고용 창출 효과를 낼 것으로 예상된다. 한국 기업이 북한의 지하자원을 직접 개발해 이용하기 위해서는, 교통망 및 광산설비 등 인프라시설 구축이 병행되어야 한다. 초기 투자 비용을 위한 재원 마련이 원활하게 진행되고 인프라 구축이 완료된다면, 그 파급효과는 남북한 경제 전반에 매우 긍정적으로 작용할 것이다. 남북한의 지리적 인접성으로 인해 수송 비용을 절감할 수 있음은 물론, 국제 광물 가격 상승이나 공급 불안에도 용이하게 대응할 수 있다는 점에서 북한의 지하자원 개발은 한반도 미래 전략의 불가결한 요소다.

남한 대기업-북한 벤처
협력 모델

경제정책은 정부가 결정하지만, 실질적인 경제성장은 기업에 의해서 진행된다. 미래 한반도의 성장을 이끌어나갈 기업은 어떤 모습일까. 한국 경제의 고도성장기에는 대기업 중심의 성장 정책이 성공적으로 진행되었고, 그 결과 글로벌 경쟁력을 갖춘 대기업들이 탄생할 수 있었다. 그러나 현재 북한의 현실을 보면 과거 한국이 적용했던 동아시아 개발도상국의 성장 모델을 도입하기는 어려운 상황이다. 북한 내부에서는 스스로 대기업이 성장할 수 있는 환경조건도 갖추지 못하고 있다. 북한이 처한 실정과 남북한 통합 이후의 환경 변화에 어울리는 새로운 전략을 구상해야 할 필요가 있다.

북한에는 중소·벤처기업을 육성하자

북한 지역에는 대기업 중심의 성장 모델을 추진하기보다는 중소·벤처기업을 키우는 전략이 필요하다. 북한에 수많은 중소·벤처기업을 탄생시키고 이들이 남한 기업과 원활하게 협력할 수 있는 산업 생태계를 조성하는 것이 바람직하다. 이를 위해서는 한국의 창업가들이 북한에서 새로운 사업 기회를 모색하고 다양한 아이디어를 시도해볼 수 있는 환경이 뒷받침되어야 한다. 서울과 평양을 중심으로 하는 한반도의 메가수도권 지역은 이러한 남북한 기업 협력 모델을 실현하는 최적지가 될 수 있다.

북한에서 새롭게 사업을 추진하는 것은 상당한 잠재력을 가지고 있지만, 초기 단계의 위험을 감수해야 하고 적절한 시기에 기회를 포착하여 재빠르게 대응해야 한다. 이런 사업적 특성에는 대기업보다는 중소·벤처기업이 더 잘 어울린다. 중소·벤처기업은 새로운 아이디어를 쉽게 시도해볼 수 있고 순발력 있는 의사 결정이 가능하기 때문이다. 반면 거대 조직을 활용하여 글로벌 시장에서 경쟁하는 데 있어서는 대기업이 유리한 면도 있다. 따라서 중소·벤처기업은 창조력에 집중하고 중견·대기업은 시장 창출력을 발휘함으로써 상호보완적인 역할을 담당할 수 있다. 북한 중소·벤처기업과 남한 대기업의 강점이 결합된다면, 혁신과 성장을 동시에 이루는 시너지 효과를 낼 수 있다. 성공 경험이 있는 남한의 대기업과 고유한 경쟁력을 바탕으로 탄생한 북한 중소·벤처기업 간의 협력 모델은 매우 바람직한 결합이 될 것으로 보인다.

현재 상황에서 북한이 자체적으로 벤처기업을 육성·지원하는 생태계를 조성하는 것은 불가능하다. 하지만, 남한과의 협력을 전제로 한다면 새로운 시도를 해볼 수 있다. 남한 대기업과의 협력을 통해 북한의 장점을 최대한 활용할 수 있는 방안을 찾는 것이다. 한국에서는 이스라엘의 창업국가 모델을 벤치마킹하여 적용하려는 시도들이 있다. 그런데 베스트셀러가 된 《창업국가Start-Up Nation》의 저자 사울 싱어Saul Singer는 이스라엘을 모방하기보다는 한국만의 창업국가 모델을 만들라고 충고한다.[17]

> "이스라엘 사람들은 기술력이 뛰어난 한국 대기업을 부러워한다. 창조 경제는 한국의 이런 장점을 살려야 한다. 대기업이 거의 없는 이스라엘 모델을 그대로 닮지 말고 대기업-창업 기업이 시너지 효과를 낼 수 있는 모델을 만들어야 한다."

글로벌 시장에서의 경험과 역량을 보유한 대기업은 북한 경제 성장에 상당히 중요한 역할을 할 수 있다. 북한의 인프라 수준은 아직 미비한 상태이므로 남한의 개별 중소기업이 직접 진출하기에는 사업 영역이 제한적일 수 있다. 따라서 초기에 투입되어야 하는 인프라 시설 투자까지도 함께 감당할 수 있는 대기업의 역할이 중요하다. 또한 북한에서 중소·벤처기업을 육성하기 위해서는 창업 투자 시에 위험 부담을 최소화하면서 자금 지원을 용이하게 받을 수 있는 여건을 조성해야 한다. 이미 성공을 거둔 대기업들이 미래 세대를 위해 창업에 투자하는 시스템을 구축함으로써 이 문제를 해결할 수 있다. 대기업의 자금으로 조성된 창업 금융이 벤처기업의 사업 가능성과 기술을 평가하여 유망 사업에 함께 참여하는 방식도 가능할 것이다.

중소도시에 경제특구 클러스터를 만들자

남북한 경제협력은 막대한 이익을 창출할 수 있는 사업이지만 여러 가지 불확실성이 상존하기 때문에 리스크 또한 높은 것이 사실이다. 이를 극복하기 위한 방안으로 한국 기업들이 투자하는 '경제특구 클러스터' 모델을 생각해볼 수 있다. 한국 기업이 북한의 중소도시에 경제특구 개념인 클러스터cluster를 육성할 수 있도록 국가정책으로 허용하는 것이다. 산·학·연이 모두 연계된 협력 구조를 갖추게 될 이 클러스터는 기업 R&D센터·국책 연구소·벤처단지·생산시설·주거시설·상업시설 등이 복합화되어 있는 소규모 도시와 같다.

여기에서 대기업은 연구 개발에 필요한 인력을 직접 교육·훈련시켜서 육성하고 관련 분야의 창업을 지원함으로써 대기업과 중소·벤처기업이 서로 협력하는 생태계를 만들 수 있다. 인프라 및 기반시설 구축 등 모든 투자는 해당 클러스터를 담당하는 대기업이 담당하도록 하되, 그에 대한 대가로 상당 기간 동안 경제특구 클러스터에 대한 우선적 권리를 보장해줄 수 있을 것이다. 클러스터단지에서 교육받은 인력의 우선적 채용 권리, 육성된 벤처와의 우선적 협상 권리 등을 부여하는 혜택을 제공할 수도 있다.

경제특구 클러스터 모델의 벤치마킹 사례로서, 일본 토요타^{Toyota} 자동차 회사의 기업도시인 토요타^{豊田}시를 들 수 있다. 토요타 측은 매우 싼 가격에 6만 평의 부지를 제공해줄 것을 시 측에 요구했는데, 도시의 미래를 생각한 시장이 특혜 시비에도 불구하고 세제 혜택을 제공하여 토요타 공장을 유치했다. 기업이 급성장하면서 토요타시 전체 제조업 종사자의 82%가량이 토요타 자동차 관련 산업에 종사하게 되었다. 이러한 파트너십을 통해 일자리 창출, 실업 감소, 살기 좋은 도시로 이어지는 선순환 구조를 만들어낼 수 있었다.

또한, 독일의 프라운호퍼^{Fraunhofer}는 각 연구 주제의 특성에 따라 적합한 지역에 조성되는 국가 연구기관으로, 전국에 50여 개소가 분포되어 있다. 산·학·연의 연계 협력이 원활하게 이루어는 모범 사례로서 대학의 연구기관과도 협업을 진행하기도 하며, 성숙도가 높은 기술에 대해서는 벤처사업으로 육성시키는 경우도 많이 있다. 연구 프로젝트의 성격에 따라서는 대기업과의 협력도 진행된다. 프라운호퍼 연구소는 특정 도시에만 집중적으로 연구시설이 배치된 것이 아니라, 국가 전역의 여러 도시에 분산 배치되어 있어 지역 경제의 발전에도 기여하고 있다.

중관춘^{中關村}은 '중국의 실리콘밸리'로 불리는 첨단 기술 산업단지로서 베이징대학, 청화대학, 중국과학원 등 민·관·학이 연계한 최적의 벤처 창업 환경이 조성된 곳이다. 중관춘에는 2만여 개의 첨단 기술 기업이 있으며 그중 250여 개가 이미 상장했다. 북한의 김정은 위원장은 2018년 3월 중국 베이징 방문 시 중관춘에 있는 중국과학원을 찾아 가상현실 헤드셋 기기를 체험하면서 첨단 벤처산업에 대한 북한 지도부의 관심을 보여주었다. 이에 대해 홍종학 중소벤처기업부 장관은 남북한 경제협력이 본격화되면 북한의 창업을 직접 지원하는 방안을 추진하겠다는 의사를 밝히기도 했다.[18]

이와 같은 다양한 벤치마킹 사례는 북한 중소도시에 경제특구 클러스터를 조성할 때 적용할 수 있는 아이디어를 제공해준다. 한반도 전역의 주요 도시마다 지역 특성에 맞는 경제특구 클러스터를 배치한다면 지역 경제 활성화를 위해서도 큰 도움이 될 것이다. 현재 북한 자체적으로는 경제특구 클러스터 모델을 추진하는 것이 쉽지 않지만, 남북한 협력이 시작된다면 자본이 많이 투입되어야 하는 특구 개발의 초기 단계에서부터 협력이 가능하다. 이 경우 한국 기업이 북한의 특정 지역과 결연을 맺는 형태로 투자 개발이 확산될 수 있다. 기업과 지역이 서로 공고하게 연결된 클러스터가 구성되면 그 안에서 창업하는 중소·벤처기업과 대기업의 긴밀한 협력 체계가 자연스럽게 이뤄지고 상호보완적 협력을 통해 서로의 성장을 촉진시키는 시스템을 갖추게 될 것이다. 경제특구 클러스터는 산업 간의 융·복합을 추구하고 남한 대기업과 북한 중소·벤처기업과의 협력을 적극적으로 이끌어낼 수 있는 미래 한반도 경제권의 공간적 배경이자 그릇이다.

북한 개발의 플랫폼,
'북한개발은행' 설립

북한 경제 재건을 위한 과정에서 가장 중요한 부분 중의 하나는 투자 재원을 마련하는 것이다. 특히, 산업단지를 구축하고 도시를 개발하기 위해서는 도로, 철도, 항만, 에너지 등 기반 인프라에 대한 투자가 우선되어야 한다. 문제는 이와 같은 대규모 인프라 투자는 막대한 재원이 필요하기 때문에 기업이나 민간 차원의 투자로는 거의 불가능하며, 정부의 재원으로도 부족할 수 있다는 것이다. 이를 해결하기 위해서는 국제 협력을 통해 다양한 국제금융 기구로부터 지원을 받거나, 해외 민간 자본을 유치하는 것이 필수적이다. 하지만 북한의 경제개발 초기에 외부로부터 투자를 무분별하게 받아들일 경우, 매우 혼란스러운 상황이 발생할 수 있으며 국부 유출에 대한 가능성까지 염려된다.

따라서 어떤 방식으로 국제 협력을 진행해 재원을 마련하고 이를 집행할 것인지에 대한 한반도 차원의 전략이 필요하며 체계적인 준비가 선행되어야 한다. 북한의 입장에서 가장 유리한 방식이면서 남북한이 함께 협력하여 상생할 수 있는 방향을 찾아야 하는 것이다. 이를 통해 미래 한반도의 번영과 발전을 위해 가장 적합한 전략을 선택할 필요가 있다.

국제금융 기구와의 협력 방안

여러 국제금융 기구들로부터 개별적으로 인프라 투자 기금을 지원받는 방식은 일관된 원칙에 따라 집행하기 어렵고 각 기관들의 특색에 따라 관심 영역에 차이가 있다는 문제가 있다. 따라서 북한 경제개발을 위한 투자 재원을 담당하는 하나의 통합된 플랫폼이 필요하다. 이 기구는 남북한의 협의된 의사가 반영될 수 있는 거버넌스 구조를 우선적으로 갖춰야 하며, 이를 바탕으로 국제금융 기구 또는 국제 자본의 투자를 유치해야 한다. 이렇게 되면 북한 경제개발 정책을 일관된 전략과 방향에 따라 집행할 수 있을 것이다.

한국의 KDB 산업은행과 한국수출입은행 등 정책금융기관을 중심으로 북한의 사회간접자본^{SOC: Social Overhead Capital} 투자를 위한 기금을 조성하는 방안이 현재 검토되고 있다. 현재 남아 있는 1조 6,000억 원 수준의 남북경협기금으로는 북한의 경제 재건에 필요한 재원을 충당할 수 없기 때문에 다양한 방법으로 재원을 조달하여 남북한 경제협력, 북한 인프라 건설 등을 위한 별도의 기금을 조성하고 운영하겠다는 계획이다. 또한 현재의 남북경협기금은 인도적 지원, 교류 협력 기반 조성 등 무상 지원과 영세기업, 정책적 목적의 고위험 사업 지원 등으로 그 용도가 한정되어 있어 북한 인프라 투자나 자원 개발과 같은 대규모 사업에 사용하기에는 적절하지 않다.

따라서 북한의 경제 재건을 위한 전용 기금을 조성하기 위해서는 국내 자본시장을 통한 차입을 추진하는 것과 병행하여, 세계은행, 아시아개발은행, 아시아인프라투자은행 등 다자개발은행^{MDB:} Multilateral Development Bank 의 참여를 적극적으로 추진해야 한다. 또한 단기적으로는 정부의 출연금 등을 우선 조달하고, 중장기적으로는 정책금융기관이 국내외 자본시장 차입과 펀드 조성을 주도하되 민간 금융이 참여하는 형태를 검토할 필요가 있다.[19]

이와 같은 다양한 투자 자본들의 참여를 관장하고 기획하는 통합적 플랫폼이 필요하다. 과거 한국의 경제개발 시기에 산업은행이 국제금융 기구와 정부의 지원을 받아 투자 재원을 집행하는 플랫폼으로서 역할을 수행했던 것처럼 북한 경제개발을 위한 투자 재원을 마련하고 집행하는 가칭 '북한(조선)개발은행'을 생각해볼 수 있다. 한반도 미래를 위해 가장 적합한 전략을 실행하기 위한 금융 차원의 플랫폼을 구축하는 것이다.

북한개발은행의 설립은 남북한이 주도하고 외국계 개발은행 등이 참여하는 방식이 될 것이다. 향후 국제사회의 북한 경제협력이 본격화되는 환경이 조성된다면 미국·일본·중국 등을 중심으로 기존의 국제금융 기구를 이용한 주도권 경쟁이 치열해질 것으로 예상된다. 그러나 한국은 국제사회에서 발언권과 영향력이 크지 않기 때문에 기존의 국제금융 기구를 통해 북한 경제개발 사업을 추진할 경우 불리한 입장에 놓일 수밖에 없다. 따라서 국제 경쟁에서 뒤처지지 않고 주도권을 확보하기 위해서라도 한국이 영향력을 행사할 수 있는 국제적인 개발금융기관의 설립이 필요하다.

즉, 북한개발은행의 자본금은 한국 정부, 공적 기관, 외국계 개발은행 등을 통해 조달하고 운영자금은 채권 발행, 펀드 조성 등을 통해 민간 자본으로 조달한다. 이때 남북한 정부와 공적 기관은 컨소시엄을 구성하여 대주주로 참여하고 외국계 개발은행이나 국부펀드 등의 지분 참여를 유도하는 것이다. 북한 경제개발에 참여를 원하는 국내외 민간 자본은 북한개발은행이 조성하는 펀드나 채권에 투자할 수 있다.[20] 이와 같은 방식으로 북한 인프라 투자에 필요한 재원을 마련하는 과정에서, 한국의 재정적 부담을 최소화하면서도 남북한이 함께 경제개발의 주도권을 가질 수 있는 방안을 모색해야 할 것이다.

인프라 투자를 위한 패키지딜

북한개발은행이 조성하는 펀드는 개별 프로젝트 단위로도 가능하다. 이 펀드에 투자 컨소시엄이 참여하도록 함으로써 인프라 투자를 위한 패키지딜Package Deal을 완성시킬 수 있다. 투자 컨소시엄의 중요한 역할은 한반도 경제권의 수익성 관점에서 개별 프로젝트를 운영하는 데 있다. 규모가 매우 큰 프로젝트의 경우 투자하는 시점과 혜택을 받는 시점이 상이하고 투자 효과를 보기까지 오랜 기간이 소요되므로 투자자와 수혜자가 반드시 일치하지 않을 수도 있다. 한반도 경제권의 수익성 관점에서는 분명히 필요한 사업이지만 개별 사업자 및 투자자의 입장에서는 접근하기 힘든 상황이 발생수도 있는 것이다. 이 경우에는 투자 컨소시엄에 참여하는 이익 주체들의 투자 및 혜택 배분 방식을 국가가, 즉 북한개발은행이 주도하여 조정할 수 있도록 하는 것이다.

여러 개의 개별 프로젝트를 진행하는 것이 한반도 전체 시스템의 수익성 관점에서 타당하다 하더라도 개별 프로젝트 하나만으로는 투자 주체와 혜택의 대상을 모두 포함하기 어려운 경우도 있을 수 있다. 이런 경우, 초기 단계에 대규모 투자를 집행하는 참여자에게 수익 보전 등 우선적인 혜택을 주고, 투자한 지분 이상으로 수혜를 받게 되는 다른 참여자에게는 정부가 그 비용을 청구하는 형태로 투자자와 수혜자 간의 조정 기능을 담당하는 것이다. 따라서 초기 단계에 전체 마스터플랜을 수립하고 투자 컨소시엄의 구성안을 계획하는 것부터 남북한 정부가 주도적 역할을 수행해야 하며, 이를 통해서 개별 투자자의 시장 경쟁적 참여만으로는 성사시키기 어려운 프로젝트를 북한개발은행을 통해 추진할 수 있도록 하는 것이다.

이를 위해서는 남북한의 협력으로 인해 직접 수혜를 받게 되는 대상 기업이나 기관이 관련 산업과 인프라에 투자하는 것을 유도해야 한다. 이런 방식이 현실적으로 가능한 것은 북한이 자체적으로 보유하고 있는 자원의 잠재 가치가 높다는 사실로부터 출발한다.

북한이 보유하고 있는 광물자원이나 관광자원 등 천연자원의 가치, 우수하고 경쟁력 있는 노동력 등이 충분히 매력적이라면 인프라 구축에 소요되는 투자 비용의 조달이 가능하기 때문이다. 단, 이러한 북한의 잠재적 가능성이 제대로 발휘되기 위해서는 남북한 관련 기관의 면밀한 계획하에서 인프라 구축과 산업 협력을 서로 효과적으로 연계시키는 국가 주도의 조정 작용이 필수적이다.

① 수혜 대상 기업의 선투자 유도

남북한의 인프라가 연결되어 산업 간 분업이 활발하게 진행되고 남북한 협력 체계가 가동되기 시작하면 그 후에는 이익이 발생되는 곳으로 재투자가 자연스럽게 이어질 수 있다. 이러한 투자의 선순환 구조를 만들어내려면 초기 단계에 시스템을 가동시키기 위한 마중물의 역할을 해줄 인프라 투자가 선행되어야 한다. 이를 위해서는 남북한의 산업 협력을 통해 수혜를 받게 되는 대상 기업이나 기관으로부터의 사전 투자를 유도해낼 필요가 있다. 이러한 선행적인 투자는 사실 일반 민간 기업 간의 계약을 통해서는 이끌어내기 힘들다. 따라서 남북한 당국이 포함된 3자 계약을 통해서 일정 기간 동안의 사업 우선권을 부여하거나 산출물에 대한 세제 혜택을 주는 것과 같은 정책적인 지원이 필요할 수도 있다.

현재 북한 기업의 상황을 살펴보면 대부분 국가가 소유한 국영 기업이거나 국가 관련 기관이 직접 사업을 운영하는 형태다. 이러한 상황을 남한 기업과의 협력에 잘 활용하면 수혜를 받는 대상이 북한의 인프라에 선투자를 하도록 유도하는 시스템을 구축할 수 있다, 즉, 특정 산업 분야의 협력을 남북한 기업 간의 협력으로만 보면 북한의 잠재적 가치에 대한 선행 투자를 이끌어내기 어렵지만, 북한 측의 계약 주체가 국가기관인 경우에는 정책적인 의사 결정과 협의 사항을 사업 계획에 포함할 수 있기 때문이다.

② 북한 잠재 가치의 선행적 활용

광물자원이나 관광자원 등 천연자원과 관련된 산업은 북한의 잠재 가치를 적극적으로 활용하는 것을 목표로 한다. 이러한 북한의 경쟁력은 경제적으로도 상당한 가치가 있으므로 이를 활용한 선행적 투자를 이끌어내기 위해서는 계약 조항에 투자 조건을 포함시켜야 한다. 즉, 북한의 자원 개발 산업으로부터 수혜를 받게 되는 기업 또는 기관에게서 관련 산업설비와 주변 인프라에 대한 투자를 이끌어낼 수 있는 조건을 구성하고, 이를 북한이 보유하고 있는 자원을 개발하여 경제적 효과가 발생하는 시점보다 미리 앞당겨서 관련 인프라의 투자 재원으로 활용하도록 하는 것이다.[21]

이러한 새로운 접근은 인프라 구축 및 설비 투자에 대한 수혜자와 투자자를 일치시킴으로써 초기 단계에서부터 높은 수준의 인프라와 설비를 구축할 수 있다는 장점이 있다. 미래에 발생하는 수익에 대한 잠재 가치를 미리 활용하는 것이다. 이를 통해 북한의 인프라와 산업설비의 수준을 단기간에 발전시킬 수 있을 뿐만 아니라, 낮은 수준의 인프라 구축과 설비 개선 목적으로는 비용을 지출하지 않음으로써 중복 투자로 인한 재원 낭비를 방지할 수 있다. 바로 이런 점에서 북한 산업에 대한 점진적인 개선보다는 도약적인 발전이 필요하며, 그것이 실현 가능하다고 보는 것이다.

③ 국가 주도적 패키지딜의 설계

패키지딜의 핵심은 북한과의 산업 협력을 통해 이익을 얻게 되는 수혜자와 관련 인프라에 대한 투자자를 일치시킴으로써, 미래에 기대되는 수익을 대상으로 투자 시점을 앞당기는 것이다. 이때 관련 이익 주체와 집단이 매우 다양하므로 이를 조정하는 역할이 무척 중요하다. 북한의 경우에는 국가기관이 주도적으로 참여하여 여러 가지 요인을 고려해야 하고, 남한 기업 또는 외국 기업은 컨소시엄 형태로 계약에 참여하게 된다.

그러나 이 과정에서 시장경제에 대한 경험과 도약 발전의 성공 경험이 없는 북한이 일방적으로 주도하여 계약 구도를 결정하는 것은 문제가 있다. 북한의 인프라 구축은 남한과의 효과적인 산업 협력을 전제로 하고, 더 나아가서 한반도 전체의 성장 발전을 목표로 해야 한다. 따라서 이를 반영하는 한반도의 마스터플랜이 필요하며 북한 당국과 남한의 전문기관이 참여하는 협의체를 구성할 필요가 있다. 남북한 산업 협력과 인프라 구축의 효과적인 계획안을 마련하기 위해서 관련 국책 연구소와 전문기관이 참여하는 위원회를 구성해야 할 것이다. 이 위원회를 통해서 인프라 구축의 우선순위를 결정하고 선행 투자를 이끌어낼 수 있는 패키지딜을 설계하는 것이다.

북한의 은행과 화폐

북한의 금융은 조선중앙은행을 중심으로 이루어지는 '단일 은행제'로, 중앙은행과 상업은행이 융합한 형태다. 화폐도 조선중앙은행을 통해서만 유통되고 통제되며, 일반 주민들의 예금 업무도 조선중앙은행이 담당하고 있다. 단, '저금망 체계'라는 것을 통해 지방마다 있는 체신소, 우체국, 저금소 등이 조선중앙은행의 업무를 지원하고 있다. 중앙은행의 역할을 하는 한국은행이 있고 개인의 은행 업무를 여러 은행에서 담당하고 있는 우리와는 차이가 있다.

또한 북한에는 특수한 업무를 보는 은행으로 국제금융, 대외결제, 환율 결정 등의 외화 관련 업무를 담당하는 조선무역은행이 있다. 또한 합영법 제정으로 생겨난 합영은행은 외국 투자 기업들의 북한 내 기업 활동을 보장하기 위한 은행 업무를 담당한다. 이외에 해외 기업들과 합영·합작 사업, 무역 회사 등의 투자 및 융자 업무를 수행하는 투자기관이 있다.

기타 금융기관으로 '협동농장 신용부'라는 기관이 있는데, 이는 사회주의의 특성이 담겨 있는 기관이라고 할 수 있다. 북한이 1950년대 말 사적 소유의 토지를 공적 소유로 바꾸는 토지개혁 정책을 실시할 때, 주민들의 사적 소유권이 사라지는 대신 협동농장을 통해 얻어지는 축적금을 공익을 위해 쓰기로 했다. 이 업무를 관할하는 기관인 협동농장 신용부는 협동농장에서 얻어지는 공동 축적금을 모아 북한 주민들에게 자금을 빌려주는 사업을 하고 있다.

그러나 북한 화폐가치의 불안정성, 실패한 화폐개혁 등으로 인해 사람들은 저축을 꺼려 하고 대신 미국 달러나 중국 인민폐로 거래하는 것을 선호한다. 실제로 북한 주민들은 자유롭게 입출금할 권한이 있지만, 정작 필요할 때 원하는 금액을 출금하기가 어렵다. 북한 금융기관의 자금이 고갈되는 경우가 많기 때문이다. 또한 북한 주민들에게 지급하는 이자율이 매우 낮은 데다가 인플레이션의 위험도 상존한다. 더구나 최근에는 화폐개혁의 실패로 인해 물가가 폭등하면서 북한 원화의 가치에 대한 불신이 증가하기도 했다.

최근에 형성된 북한의 개인 자산가 계층인 '돈주'는 달러, 위안화 등 외화 위주의 화폐 자산을 융통하여 이자를 받는 '외화 사채'를 운영하기도 한다. 금융 시스템의 미비로 인해 중앙은행을 통한 제대로 된 예금 및 대출 구조가 정착되지 못하고 있는 것도 문제다. 최근에는 이와 같은 문제를 해결하기 위해 금융 기능을 확대하여 북한 원화의 사용을 늘리고 은행 기능을 정상화하기 위한 노력도 진행되고 있다. 합리적인 이자율을 설정하고 은행 지점을 확대하는 동시에, 기업에게는 일정 한도 이상의 예금을 강제하기도 한다. 개인 저금의 잔고 비밀 보장으로 사금융을 감소시키고, 외화를 보유하고 융통해야 하는 경우 외화 계좌 개설을 의무화하는 노력도 병행하고 있다.

또한 카드 사용을 제도화하여 기업이나 관공서의 카드 결제를 의무화하고, 일부 국영 상점은 카드 결제만 허용함으로써 부유층의 원화 사용을 유도하고 있다. 또한 북한군의 횡령 방지를 위해 부대 운영비 집행 시스템을 카드 결제 방식으로 변경하고, 전자상거래 서비스 도입으로 카드 사용을 유도하는 등 다양한 노력을 기울이고 있다. 북한의 카드는 대부분 선불카드 또는 직불카드이며, 나진·선봉 경제특구와 같이 제한된 지역의 외국인만 신용카드를 발급받을 수 있다. 북한은 외화의 은행 유입을 유도하기 위해 외화 계좌와 연계된 선불카드를 발급하고, 개인이 보유한 원화 현금을 은행으로 유입시켜 국가재정을 확보하기 위해 원화 계좌와 연계된 직불카드를 전국으로 확산시키는 중이다.[22]

북한 경제가 제대로 성장하기 위해서는 금융 분야의 체계를 갖추는 것이 필수적이다. 최근 미국 신안보센터[CNAS]에서는 보고서를 통해 북한의 세계무역기구[WTO] 가입과 금융 시스템 개선을 지원하는 방안을 고려해야 한다고 밝히기도 했다. 통화 및 금융 시스템을 재건하는 것이 북한의 경제개혁을 위해서도 필수적이라는 것이다.[23]

PART 2.

스마트시티
네트워크

3장

네트워크 도시의

확산

네트워크 경제 시대의 도래

기술의 발전은 사람들이 소통하고 거래하는 방식의 변화를 가져옴으로써 궁극적으로 인류의 삶을 바꿔놓는다. 특히 도시에서 이루어지는 경제의 운용 방식은 기술혁명을 기반으로 획기적인 변화를 겪고 있는 중이다. 도시를 중심으로 발전하고 있는 미래 산업은 이제 새로운 경제체제를 기반으로 하기 시작했다. 1990년대부터 정보기술의 발전에 의해 전통적인 경제 이론으로는 해석할 수 없는 '신경제New Economy'가 등장한 것이다. 컴퓨터 기능의 혁신, 인터넷의 확산, 소프트웨어 기술의 발전은 인류가 이전에 경험해보지 못한 새로운 환경을 만들어내고 있다.

기존의 경제체제가 변화의 속도를 어느 정도 가늠할 수 있는 '선형적' 기술 발전 모델을 바탕으로 한 것이었다면, 새롭게 도래하고 있는 신경제체제에서는 변화의 속도가 '기하급수적'으로 빨라진다.[1] 기술혁신으로 인해 경제 환경이 변화되고, 결국 새로운 경제체제가 출현하게 된 것이다. 이러한 변화는 여러 미래학자들에 의해 예견되어왔다.

후발주자에게 기회를 주는 '신경제'체제

마누엘 카스텔Manuel Castells 은《네트워크 사회의 도래The Rise of the Network Society》2에서 새롭게 등장하는 신경제의 특성을 정보화Informationalism, 지구화 Globalization, 네트워크화 Networking로 정리했다. 정보화는 신경제의 생산성과 경쟁력이 지식 기반의 정보를 효율적으로 생성·가공·적용하는 능력에 달려 있다는 관점에서 본 것이고, 지구화는 생산·소비·순환의 핵심적인 활동과 그 구성 요소가 경제행위자들 사이의 네트워크를 통해 지구적 규모로 조직되어 있다는 관점에서 해석한다. 네트워크화는 다양한 비즈니스가 네트워크에서의 상호작용을 통해 생산성과 경쟁을 발생시키고 있음을 말한다. 미래에는 경제 발전을 위해 기술과 지식을 활용하여 관리·경영하는 현상이 점점 심화될 것이다. 따라서 정보 네트워크에 대한 상호의존도가 깊은 경제가 출현할 것으로 전망했다.

　　제러미 리프킨Jeremy Rifkin은 신경제의 특성 중에서도 네트워크의 가능성에 주목했다. 그는 자신의 저서《소유의 종말Age of Access》3 에서 시장은 네트워크에 자리를 내주며 소유는 접속으로 바뀔 것이라고 주장했다. 새로운 네트워크 경제체제에서는 물적 자본에 대한 소유권보다는 접속할 수 있는 권리가 중요하며, 부의 창출도 물적 자본에서 나오지 않고 개념, 아이디어, 이미지로부터 나온다는 것이다. 이러한 관점은 기존 경제체제의 방식을 근본적으로 변화시킬 뿐만 아니라 정치제도와 법, 그리고 인간형의 변화까지도 가져올 수 있다. 즉, 인류 사회의 패러다임을 전환시키는 거대한 변화다.

그는 이 새로운 패러다임을 '네트워크 경제'라고 표현하고, 2050년이면 지금과 같은 시장은 완전히 없어질 것이며 네트워크가 이를 대체할 것이라고 주장했다. 전 지구적으로 보급되고 있는 첨단 IT 기기와 새롭게 주목받기 시작한 클라우드 컴퓨팅 기술에 의해서 경제 시스템이 변화하고, 기존의 경제 상식이 더 이상 통하지 않게 되는 사회가 온다는 것이다.

그렇게 되면, 기존의 구경제체제에서 상식으로 여겨졌던 것들이 신경제체제에서는 더 이상 통용되지 않게 된다. 구경제에서 시장이 중심적 역할을 했던 것에 반해 신경제에서는 네트워크가 중심이 되며, 토지와 자본 등의 생산요소를 바탕으로 한 제조업이 구경제의 기반이었다면 신경제에서는 아이디어가 더욱 중요해진다. 또한 구경제에서는 대규모 사전 투자를 통해 규모의 경제를 구축하는 것이 필수적이었으나 신경제에서는 적은 초기 투자와 상황에 따른 가변적인 투자가 더욱 유용하다.[4]

이렇듯 네트워크 경제는 기존 경쟁력의 위기인 동시에 새로운 가능성을 의미한다. 글로벌 경제 환경이 급속하게 변화하고 있는 상황은 개발도상국만이 아니라 선진국에게도 큰 도전이다. 미래학자인 토머스 프레이Thomas Frey 미국 다빈치연구소장은, 전통 산업과 달리 미래 산업에서 기술혁신은 모든 것을 똑같은 출발선상에 올려

놓기 때문에 누구도 처음부터 앞선 상태에서 출발하지 못한다는 점을 지적했다. 그는 한국이 다른 어느 나라보다 빨리 달리고 변신하는 좋은 시스템을 갖추고 있으므로, 특히 남북한 통합 이후에 굉장히 큰 경쟁력 기반을 갖게 될 것이라고 전망했다.[5]

패러다임 변화로 인해 새로운 게임의 룰을 적용하게 되면 산업 발전을 이미 달성한 국가들의 경쟁력 우위가 그대로 유지되리라고 보장하기 어렵다. 기존 환경에서 경쟁력을 갖추고 있었던 국가들도 새로운 상황에 적응하지 못하면 한순간에 성장 동력을 잃을 수 있기 때문이다. 이러한 변화는 선진국들에게는 위기가 될 수 있으나, 후발주자들에게는 오히려 기회로 작용할 수 있다. 아직 모두에게 익숙하지 않은 새로운 게임의 룰에 먼저 적응하는 나라 또는 기업이 기존 경쟁력의 판도를 뒤엎을 가능성이 매우 높다. 새롭게 등장하고 있는 '신경제'체제는 이런 관점에서 주목해야만 한다.

'소유'에서 '접속'으로 패러다임 전환

네트워크로 연결된 환경에서는 '네트워크 외부성'으로 인해 새로운 경제 효과를 기대해볼 수 있다. 경제학에서는 어떤 경제 행위의 거래 결과가 당사자가 아닌 제3자에 영향을 미치게 될 때 외부성 externalities이 존재한다고 말한다.

네트워크 외부성은 어떤 재화나 서비스의 사용자가 많을수록 효용이 증가할 때에는 양(+)의 외부성, 반대로 효용이 감소할 때에는 음(-)의 외부성으로 표현한다. 예를 들어, 기존 전화 사용자들 n명이 존재하는 네트워크에 새로운 사용자가 가입하게 되면 전체 효용이 증대하는 양(+)의 네트워크 외부성이 나타난다. 새로운 전화 서비스 가입자 한 명이 추가됨으로써 수많은 n개의 네트워크가 새롭게 형성되기 때문이다. 이로 인해 네트워크를 형성하는 데 지불되는 개인의 비용에 비해 네트워크 형성의 결과로 얻게 되는 사회 전체적인 이익이 훨씬 크다.[6]

이를 남북한 경제협력에 적용하면 개별 기업 또는 중소규모 경제특구 차원을 뛰어넘는 이익이 한반도 전체의 경제 시스템에서 발생할 수 있음을 의미한다. 인프라 구축을 통해 남북한의 경제를 서로 연결시키면 수많은 새로운 네트워크가 발생하고, 네트워크 경제를 기반으로 무한한 경제적 가치와 동력이 새롭게 창출될 수 있다. 이는 기존의 남북한 경제협력 방식과 개념으로는 상상할 수 없었던 효과다.

남북한을 연결시키는 네트워크 경제가 구축된다면, 북한 경제가 성장하기 위해 물질적 생산요소를 반드시 '소유'할 필요가 없어진다. 남한이 이미 보유한 우수한 산업 역량과 인프라에 접속하는 것만으로도 북한이 한반도 경제 시스템에 자연스럽게 포함될 수 있기 때문이다. 이런 면에서, 네트워크 경제의 등장은 남북한 경제협력 방식의 일대 패러다임 전환이라고 말할 수 있다. 네트워크 경제의 새로운 가능성을 바탕으로, 남북한이 상호보완적 경제 시스템을 구축하고 한반도의 미래 성장 전략을 함께 모색해보는 것이다.

남북한 분업 구조의 재편을 통해 이루게 될 미래 한반도의 새로운 성장 시스템은 지금까지의 경제체제와는 그 성격이 다를 것이다. 새롭게 육성되는 산업은 자본과 기술, 대규모의 생산설비 등 양적 성장 시대의 경쟁력을 결정지었던 물질적 기반과는 거리가 먼 것일 수도 있다. 네트워크로 연결된 신경제체제에서는 기존의 공간적 시장 개념이 필요 없는 사회가 출현하며, 중심 산업도 생산기술 위주의 제조업으로부터 창의력을 필요로 하는 새로운 영역으로 진화한다. 경제활동의 개념이 물질적 기반을 소유하는 것에서 접속하는 것으로 바뀌면 기존에는 불가능했던 것들이 가능해질 수도 있다.

이제까지 남북한의 산업 협력을 위한 논의에서는 네트워크 경제 개념이 체계적으로 다루어진 적이 없었다. 네트워크 경제는 기술 발전을 통해서 새롭게 등장한 '신경제'적 패러다임이기 때문이다. 이와 같이 전혀 새로운 경제 시스템을 현실화시키기 위해서는 그것을 담을 수 있는 그릇, 즉 새로운 공간 시스템이 필요하다. 네트워크 경제에 가장 적합한 도시 공간구조를 구상해야만 하는 이유가 여기에 있다.

도시 네트워크 연결이
가져오는 평화

기술이 평화를 만들어내는 데 기여할 수 있을까? 기술은 도시와 도시를 연결하는 네트워크를 더욱 강하고 긴밀하게 만들어준다. 네트워크를 통해 연결된다는 것은 하나의 이익 공동체로 진화하는 것을 의미한다. 마치 서로 신경망과 혈관이 연결된 하나의 생명체와 같아진다. 국경을 초월한 도시들의 네트워크를 통해 이익을 공유함으로써 평화를 유지하는 것이다. 나의 이익과 상대방의 이익이 서로 연결된 유기적 관계에서는 진정한 평화를 이룰 수 있다.

네트워크 경제의 신경망과 혈관

도시 간의 연결은 어떠한 형태로 이루어질 수 있을까? 도시 네트워크를 통해 유기적 생명체로 진화하려면 신경망과 혈관의 연결이 필수적이다. 즉, 네트워크를 얼마나 잘 구축하느냐에 성공 여부가 달려 있다. 교통·통신·에너지망 등 네트워크 인프라를 잘 구축하는 것은 신경망과 혈관을 촘촘히 연결하는 것과 같다.

도시를 생명체에 비유한다면 스마트시티는 좀 더 똑똑하고 신진대사가 빠른 상태를 의미한다. 스마트시티에서는 신경망과 혈관의 성능이 향상되어 효율성이 극대화되고, 물류와 교통의 이동속도가 증가될 뿐만 아니라 사고율은 제로 수준으로 떨어진다. 산업과 산업이 서로 융합되고, 도시와 도시가 네트워크로 연결된다. 도시가 새로운 생명력을 가지고 한 차원 높게 진화된 생명체로 태어나는 것이다.

스마트시티에서는 곳곳에 깔려 있는 사물인터넷 센서들을 통해 빅데이터가 실시간으로 모이고, 여기에서 얻어진 정보를 바탕으로 물류·교통·에너지 등 공급망을 가장 효율적인 상태로 관리할 수 있게 된다. 여기에 블록체인 기술을 적용하면 경제활동에 투입된 노동의 가치를 각 단계별로 공정하고 투명하게 산정하는 것도 가능해진다. 또한 중간 거래상을 거치지 않고 국경을 넘어 수요자와 공급자를 직접 연결시켜줄 수도 있다.

경제활동에서 네트워크 인프라는 커뮤니케이션과 생산 활동에 필요한 영양분과 에너지를 실어 나른다. 통신망, 물류망, 에너지망이 바로 그런 역할을 수행한다. 통신망이 도시라는 유기체를 감독하고 조정하는 신경계 역할을 담당한다면, 물류망과 에너지망은 도시 곳곳에 영양분을 공급하는 혈관과도 같다. 도시 네트워크를 통해 서로 네트워크 인프라를 연결한다는 것은 살아 있는 시스템, 다

스마트시티는 네트워크 경제를 바탕으로 작동하는 초연결 사회를 말한다. 이는 국가 간의 정치적 통합 없이도 하나의 유기체로 기능할 수 있도록 해준다.

시 말해 생명체를 만드는 것이다. 이것은 국가 간 정치적 통합 없이 하나의 유기체, 즉 도시 네트워크를 구성하는 실험이다.

　과거와 같이 물질적 생산요소 기반의 경제활동에서는 이를 독점적으로 소유하고 운영하는 권리가 매우 중요했다. 따라서 영토를 확장하고 경계를 지키는 것이 국가이익을 결정하는 중요한 요인이었다. 하지만 오늘날에는 국경을 넘어 서로 연계되어 이루어지는 경제활동의 영향력이 커지고 있다. 게다가 국경을 구분선으로 고립되어 있기보다는 얼마나 많은 네트워크를 가지고 있는지 여부가 더욱 중요하다. 즉, 개방된 네트워크 허브로서의 기능을 갖춰야 중추적 거점도시로 성장할 수 있다.

　이와 같은 도시 네트워크의 연결이 국경을 넘어 확산되면 서로 신경이 연결되고 피가 통하는 조직이 되는 것과 같다. 네트워크로 연결된 미래 사회는 전 세계가 하나의 유기적 생명체로 진화해나가는 모습을 띨 것이다. 국가 간의 구분이나 정치적 경계를 뛰어넘어, 도시 네트워크를 바탕으로 경제활동이 이루어짐으로써 서로의 이익이 긴밀히 연결된다. 따라서 초연결 사회에서는 배타적인 지역적 구분이 약화되고, 네트워크의 형태가 보다 중요해진다. 결과적으로 자연스럽게 국가 간의 대립보다는 네트워크 연결을 지향한다.

서로 다른 국가가 도시 네트워크를 통해 이익을 공유하는 하나의 생명체로 진화하면 안보 체계도 이에 맞춰 변화할 수밖에 없다. 기존의 국가 단위 또는 지역 중심 방위체제를 탈피한 다자간 안보 체제가 대안이 될 수 있다. 즉, 배타적인 이익을 추구하는 것이 아니라 네트워크에 연결된 전체 시스템의 안정과 평화가 더욱 중요해지는 것이다. 어느 일부 국가 또는 지역이 연합해서 타 국가나 지역을 배타적으로 공격하거나 견제하는 일은 점점 사라진다. 네트워크가 파괴되는 것이 모두에게 손해를 가져다주기 때문이다. 즉, 시스템의 안정과 평화를 파괴하는 세력에 대해서 공동의 연합 전선을 세우고, 갈등을 최소화하는 방향으로 전체의 이익에 부합하는 안보 시스템을 구축하는 것이다.

네트워크 경제를 통한 한반도 이익 공유 시스템

과거 국가 간 왕실에서 행해졌던 정략결혼은 혈연관계가 되어서라도 평화를 유지하고자 하는 의지가 담겨 있었다. 이와 같은 평화 동맹은 서로 피를 섞는 것이었고 그것은 곧 이해관계를 서로 공유하는 것을 의미한다. 그러나 현대 사회에서 국가 간의 평화를 구축하기 위해 전 세계가 혈연관계를 맺을 수는 없는 일이다. 대신 새로운 방식의 이익 공유 시스템을 만들어 가상의 혈연관계를 통한 평화를 모색할 수는 없을까? 현대적 개념의 혈맹血盟이란, 네트워크로 연결된 경제 시스템을 통해 상호보완적이고 의존적인 관계를 구축하는 것으로 해석해볼 수 있다. 즉, 국경을 초월한 도시 네트워크를 통해 연계성을 강화하고 상호 간의 이익을 공유하는 시스템을 구축하는 것이 곧 최상의 평화 유지 장치다.

한반도의 평화를 유지하기 위해서는 한반도를 둘러싼 이해관계자들이 모두 함께 참여하는 이익 공유 시스템의 구축이 절대적으로 필요하다. 역사상 늘 해양 세력과 대륙 세력이 충돌하는 접점에 놓였던 한반도는 이제 접점의 역할을 새롭게 규정함으로써 세계 평화의 시험대가 되려고 한다. 한반도를 유라시아 대륙의 열강들이 만나는 네트워크 허브로 전환하고, 서로 이익을 공유하는 이익 공유 시스템을 여기에 구축하는 것이다. 중국·러시아와 미국·일본이 서로 만나 적극적으로 이해관계를 공유할 수 있다면 가능한 일이다.

한반도 이익 공유 시스템의 핵심에는 서울–평양 스마트시티가 자리하게 될 것이다. 서울과 평양을 연결하는 것은 두 세력의 핵심 거점을 서로 연결하는 것이고, 단순한 두 개의 도시가 아니라 해양 세력과 대륙 세력 간의 네트워크 통로를 확보하는 것이다. 공간을 확장하여 이익 공유 시스템의 영역을 한반도 전체로 넓혀보자. 여기에 북한의 경제특구·개발구 수십 개를 개방하여 특정 국가나 기업이 시범적으로 운영하도록 하고 주변 4대국(미·중·일·러)까지 포함시키는 것이다. 예를 들어 신의주, 원산, 청진 등의 항만도시에 복합 물류기지를 개발할 수 있는 권리를 특정 국가에 부여하는 방안을 생각해볼 수 있다. 신의주는 중국이, 원산은 일본이, 청진은 러시아가 주도하여 항구·물류 시스템·산업단지 등을 운영함으로써 각 경제특구·개발구를 발전시키는 것이다.

북한은 안정을 보장받고 군사적 대립이 완화되는 대가로 전 세계 자본과 주변국의 투자를 적극적으로 유치해야 한다. 뿐만 아니라 경제특구 운영권까지 과감하게 양도하는 정책적 시도도 검토해볼 필요가 있다. 북한이 외국자본 유치와 경제특구·개발구에 대한 투자를 대외에 개방했을 때 한두 개 국가가 일방적으로 북한을 운영하는 조건이라면 위협이 될 수 있지만, 여러 국가가 동시에 투자하고 관여하는 이익 공유 시스템을 구축한다면 상대적으로 안전하다.

중요한 것은 남한과 북한을 경제적인 네트워크로 연결하는 것뿐만 아니라, 주변 국가 모두를 포함시키는 아이디어다. 즉, 피를 섞는 것과 같은 긴밀한 소통이 일어나고 이익을 공유할 수 있는 물리적 체계의 구축이 필수적이다.

중소도시 네트워크로 이루어진 광역경제권

인구가 100만 명 이상이고 한 국가의 정치, 경제, 정보 등 중추적 기능이 통합된 대도시를 메트로폴리스^{metropolis}라고 부른다. 메트로폴리스가 주변 지역에 영향을 미쳐서 확장된 넓은 권역을 메트로폴리탄^{metropolitan}이라고 한다. 즉, 메트로폴리탄이란 중심도시와 위성도시를 모두 합쳐 부르는 말이다. 도시 간의 네트워크가 확장됨에 따라 메트로폴리스 여러 개가 연결되어 형성된 것을 메갈로폴리스^{megalopolis} 또는 메가시티리전^{maga-city region}이라고 부른다. 메가시티리전은 핵심도시를 중심으로 일일 생활이 가능하도록 기능적으로 연결된 인구 1,000만 명 이상의 광역경제권을 의미한다. 메트로폴리탄이 단순히 중심도시와 위성도시를 함께 지칭하는 산업화 시대의 개념이었다면, 메가시티리전은 핵심도시와 주변 도시의 집적 및 연계를 통해 도시의 핵심 역량을 강화하는 데 초점을 둔 것이다.

하나의 도시가 공간적으로 계속 확장된 형태를 지니는 메갈로폴리스 모델은 이제 한계에 봉착했다. 대도시의 탄생 배경은 산업혁명이었다. 그러나 정보혁명과 4차 산업혁명의 영향력이 확대되는 시대가 도래하면서 도시의 형태에도 변화가 요구되고 있다. 이 변화는 새로운 도시 문명의 창조까지 포함한다. 40억 인구가 거주하고 있는 도시들은 세계 온실가스의 80%를 배출하고, 심각한 교통 체증과 환경오염 문제로 신음하고 있다. 전 세계적으로 확산되고 있는 대도시의 경쟁력을 그대로 활용하면서도 문제점을 해결할 수 있는 새로운 도시 모델이 필요한 시점이다.

친환경적 중소도시의 장점과 함께 대도시가 제공하는 서비스를 동시에 누리기 위한 방안으로 중소도시의 네트워크로 구성된 광역경제권, 즉 메가시티리전이 떠오르고 있다. 친환경적인 중소도시 여러 개가 연결된 네트워크 체계로 전환하는 것이다. 앞으로 메가시티리전의 바람직한 발전 방향은 대도시 공간이 연속적으로 이어진 도시 지역을 의미하는 것이 아니라 각각 고유한 경쟁력을 가진 중소도시들이 서로 긴밀하게 네트워크로 연결되어 있는 구조여야 한다. 기술 발전에 따라서 교통·통신은 매우 편리해졌으므로 중소도시들의 네트워크를 통해서도 대도시가 가질 수 있는 장점과 인간의 욕망을 충족시킬 수 있게 되었다. 따라서 중소도시 간의 물리적 거리는 멀어지더라도 상호보완적 협력 관계를 유지할 수 있다. 미래 한반도의 바람직한 성장 모델은 중소도시 네트워크를 통해 구축해보는 것을 제안한다. 대도시가 가진 문제점을 보완하면서 중소도시의 장점을 누릴 수 있는 중소도시 네트워크로 한반도 광역경제권 전략을 추진할 필요가 있다.

첨단 기술에 의한 네트워크 인프라가 발달되면 도시 기능의 물리적 집중 필요성을 감소시켜 분산화가 가능해진다. 따라서 특정 도시에 모든 기능을 집중하기보다는 다핵 구조의 여러 도시들에 기능을 분산 배치할 수 있다. 대도시권과 주변 거점도시들을 초고속 교통·통신망으로 연결하여 마치 하나의 도시와 같이 유기적으로 기능하도록 만드는 것이다. 이와 같이 2개 이상의 독립적 도시들이 초고속 교통·통신 인프라로 연결된 네트워크 도시는 단일 중심도시에 비해 다양성과 창조성을 기능적으로 수용하는 데 있어서도 우수한 것으로 나타났다. 네트워크 도시구조에서는 각 도시들의 기능이 전문화되고 공간적 분업이 형성되는 등 기능적 보완성을 바탕으로 경제협력 시너지 효과가 발생한다. 이를 통해, 소규모 도시들의 네트워크가 유기적으로 작동하여 거대 단일도시와 같은 집적 경제 효과도 기대할 수 있다.[7]

앞으로 글로벌 메가시티리전은 네트워크 효과를 보다 극대화할 수 있는 형태로의 전환을 모색해야 한다. 대도시가 가지고 있는 기존 경쟁력은 유지하면서 미래에도 지속가능한 성장을 이루어 낼 수 있는 공간구조로 진화해야 하는 숙제를 안고 있다. 새롭게 등장한 네트워크 경제를 담기에 가장 적합한 구조로 전환하는 동시에 기존의 도시 환경을 개선하여 과밀화·환경오염·생태 문제 등을 해결할 수 있어야 한다. 여러 대안 중에서도 중심도시와 주변의 거점도시들을 네트워크로 연계한 도시구조가 주목을 받고 있다.

산업혁명의 대도시에서 정보혁명의 중소도시로

인류가 함께 군락을 이루고 한자리에 모여 살게 된 것은 수렵에서 농경 사회로 전환하면서부터다. 수렵은 사냥감을 찾아서, 목축은 목초지를 찾아서 계속 이동할 수밖에 없었던 반면, 농경지를 경작하기 위해서는 마을을 이루고 정착해야만 했기 때문이다. 그러나 인간의 노동력이 미칠 수 있는 경작지의 거리에 제한이 있으므로 농경 사회에서의 집적화도 일정 규모를 넘지 못했다. 따라서 대도시의 탄생은 산업혁명으로 인해 인간의 노동력이 농지를 떠나 도시로 이동하기 시작하면서 비로소 가능해졌다.

산업혁명은 대도시를 만들게 해준 원동력이다. 경작지 근처에 거주하면서 농사를 짓던 인류를 도시로 이동시켜 공장과 기업에서 근무하게 만들었다. 노동자들이 일하기 위해서는 자녀들이 유치원이나 학교에 모여 단체로 교육받도록 하는 시스템이 필요했다. 또한 도시에 모여 사는 사람들의 생활을 유지하기 위해 과거와 같은 소규모 마을 단위 시스템과는 달리 의료 서비스를 위한 대형 병원이 세워지고, 물품 구매와 유통을 위한 대형 상점이 들어서는 등의 새로운 시스템이 등장했다. 이와 같이 도시에서 제공하는 서비스가 고도화될수록 대도시로의 집적화는 점점 더 가속화되었다.

결국 도시가 형성되는 것은 인간의 욕망 충족을 위한 것이다. 도시 공간에 집적화됨으로써 공간적·물리적 제약을 극복할 수 있고, 이를 통해 인간의 다양한 욕구와 필요가 해결된다. 하지만 도시가 비대화하고 집중화가 진행될수록 인간은 다양한 문제에 봉착하게 되었다. 자원 고갈, 환경 파괴, 대기오염 등으로 인해 삶의 질은 오히려 저하되고 있다. 과연 대도시를 계속 확산시키는 것이 인류를 위해 지속가능한 미래인지 의문마저 갖게 한다. 그렇다면 미래의 도시가 지속가능성을 가지기 위해서는 어떠해야 하는가?

기술적으로 인간의 필요와 욕구를 충족시키면서도 지속가능한 도시 모델을 구상해볼 필요가 있다. 대도시는 직업, 의료, 교육 등 기본적인 서비스만이 아니라 인간이 필요로 하는 다양한 욕구를 충족시켜준다. 사람과 사람이 모여서 어울릴 수 있는 문화적 공간을 제공해주기도 한다. 특히 지식 기반의 산업 사회에서는 다양한 사람들이 오프라인의 도시 공간 내에서도 활발하게 교류할 수 있는 암묵지의 형성이 필수적이다. 미국 산타페이연구소 제프리 웨스트 Geoffrey West 박사에 따르면 도시의 크기가 10배 증가할수록 창조성은 17배가 늘어난다고 한다. 도시의 생산성과 창조성은 인구나 면적에 비례하기보다는, 사람들 사이의 상호작용을 통해 만들어지기 때문에 기하급수적으로 증가한다는 것이다.[8] 이와 같이 도시는 문명의 허브 역할을 수행하고 있기 때문에 사람들이 많이 모이는 대도시일수록 창의적이고 생산적으로 기능할 수 있다.

대도시가 주는 편리함과 높은 서비스 수준을 유지하면서도 보다 쾌적한 환경을 갖춘 중소도시의 장점을 결합하는 대안을 모색해야 한다. 대도시가 주는 생산성과 창조성을 유지하기 위해서는 사람들의 상호작용이 이루어지는 중심 공간을 먼저 마련할 필요가 있다. 하지만 중소도시 규모에서는 이와 같은 중심 공간을 무한정 만

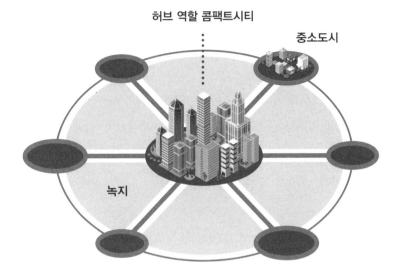

들어낼 수 없다는 것이 문제다. 중심 공간에 대한 욕구를 중소도시 내에서 직접 충족시키지 못한다면, 중소도시 네트워크의 허브가 되는 지역에 필요한 기능을 별도로 배치할 필요가 있다. 즉, 메가시티 리전의 허브가 그 기능을 담당하도록 하는 것이다. 기본적으로 도시의 크기를 줄여서 중소도시를 만들되, 도시 간의 네트워크를 강화하여 긴밀하게 연결시키고, 중소도시들의 허브 역할을 하는 지역에 대도시 규모에서 제공할 수 있는 핵심적 서비스 기능을 배치한다. 이를 통해 중소도시에 살면서도 대도시에서 제공하는 기능과 쉽게 연결이 가능하도록 함으로써 다양한 욕구를 충족할 수 있는 대안적 모델이 나올 수 있다.

메가시티리전의 중심 지역, 즉 중소도시 네트워크에서 허브를 차지하는 핵심 지역은 친환경적인 콤팩트시티로 공간을 구성할 필요가 있다. 면적을 적게 차지하는 콤팩트시티가 허브 역할을 하고 이를 주변의 중소도시들과 네트워크로 긴밀하게 연결하는 것이다. 허브 역할을 하는 콤팩트시티에는 의료 기능의 중심 역할을 하는 메디컬 센터를 배치하고, 이를 중심으로 주변의 중소도시들에게 원격 진료 서비스를 제공할 수 있다. 수술이나 중증 치료 같은 경우를 제외하고 일상적인 진료나 요양, 케어 서비스는 중소도시에서도 받을 수 있도록 하는 것이다. 교육 분야도 마찬가지다. 콤팩트시티에는 교육기관의 허브 역할을 하는 대학이나 연구소가 자리하고, 중소도시에서는 이들과 네트워크를 통해 원격 교육을 받는 방식도 가능하다. 가끔씩 오프라인 강좌 또는 미팅, 면담이 필요할 경우에만 콤팩트시티에 모여서 수업을 진행하고, 평소에는 각각의 중소도시에서 재택 교육을 진행하면 된다.

기존 대도시의 경우에는 일부 슬럼화된 지역을 재개발해서 녹지공원화하거나 문화시설 등 공공을 위한 공익 공간으로 전환할 필요가 있다. 몇 개의 부도심 지역으로 인구를 분산시켜서 중심 지역의 인구밀도를 낮추고, 부도심과 부도심 사이의 공간을 공용화하는 방법이다. 이런 과정이 진행되면 마치 거대한 대도시 공간을 해체하고 그 자리를 여러 개의 중소도시 네트워크로 전환하는 것과 같은 효과가 일어난다. 대도시가 지향해야 할 미래의 방향은 하나의 중심을 가진 집중형 메갈로폴리스 모델이 아니라 여러 개의 중소도시가 네트워크로 연결된 다핵분산형 메가시티리전이다.

세계적으로 확산되는 광역경제권 전략

도시들의 네트워크로 이루어진 다핵분산형 도시구조는 이미 세계 여러 지역에서 나타나고 있다. 특히 경제활동 측면에서 보면, 글로벌 대도시권을 중심으로 주변의 거점도시들이 서로 긴밀하게 연결된 형태를 보인다. 세계화와 함께 지식 기반 경제가 확산되면서 글로벌 경쟁력을 갖춘 대도시권이 경제의 중심으로 부상하고 있다. 이제는 세계 전체 인구의 대부분이 도시에 거주하는 시대로 접어들었다고 해도 과언이 아니다. 대도시와 그 주변 지역을 아우르는 거대한 메가시티리전, 즉 광역경제권이 새로운 국가 경쟁력의 핵심으로 기능하게 된 것이다. 따라서 인구와 산업이 집적된 중심도시와 인근 지역을 연계하여 성장 잠재력을 극대화하는 것이 국가적으로 중요한 경제성장 전략이 되었다.

이제 전 세계의 주요 도시들은 대부분 광역경제권화되고 있다. 따라서 도시의 경쟁력이 곧 해당 광역경제권의 경쟁력을 의미하게 된 것이다. 글로벌 경영컨설팅 기업인 AT 커니[AT Kearny]의 2017년 글로벌 도시 경쟁력 순위[9]를 살펴보면 뉴욕, 런던, 파리, 도쿄, 홍콩 순으로 상위 5개 도시를 선정했다. 여기에서 경쟁력의 지표가 되는 것은 기업 활동[Business Activity](30%), 인적 자본[Human Capital](30%), 정보 교류[Information Exchange](15%), 문화 경험[Cultural Experience](15%), 정치 참여[Political Engagement](10%) 등이다.

그런데 재미있는 것은 이러한 지표는 현재의 도시 경쟁력을 나타내는 것이고, 미래의 경쟁력을 보여주는 지표는 별도로 있다는

세계 상위 25개 도시의 경쟁력 순위 및 미래 전망

2017년 순위	2016년 순위	미래 전망	도시명	점수
1	2	2	뉴욕	63.2
2	1	4	런던	62.9
3	3	3	파리	53.2
4	4	23	도쿄	47.4
5	5	54	홍콩	44.7
6	8	11	싱가포르	39.1
7	7	15	시카고	38.3
8	6	25	로스앤젤레스	38.1
9	9	45	베이징	37.0
10	10	19	워싱턴 D.C.	34.4
11	12	28	브뤼셀	34.0
12	**11**	**38**	**서울**	**33.8**
13	13	48	마드리드	33.7
14	16	18	베를린	33.0
15	15	6	멜버른	32.5
16	17	20	토론토	32.3
17	14	13	시드니	32.3
18	18	10	모스크바	31.8
19	20	61	상하이	31.7
20	19	29	비엔나	30.0
21	24	5	보스턴	29.8
22	22	16	암스테르담	29.2
23	23	1	샌프란시스코	29.0
24	26	37	바르셀로나	28.6
25	25	88	이스탄불	28.3

■ 기업 활동
■ 인적 자본
■ 정보 교류
■ 문화 경험
■ 정치 참여

출처 : AT Kearney

것이다. 도시의 미래 경쟁력 지표는 개인 복지Personal Well-being(25%), 경제Economics(25%), 혁신Innovation(25%), 지배 구조Governance(25%) 등으로 구성되어 있다. 미래 경쟁력 지수가 높은 도시로는 샌프란시스코, 뉴욕, 파리, 런던, 보스턴 등이 꼽혔다. 특히 뉴욕, 파리, 런던 등은 현재 및 미래 경쟁력에서 모두 최상위에 랭크되어 있다. 샌프란시스코의 경우를 보면 현재 경쟁력은 23위지만 미래 경쟁력은 1위이며, 보스턴은 현재 경쟁력이 21위이나 미래 경쟁력은 5위인 것이 눈에 띈다.

이 평가에서 서울의 2017년 현재 경쟁력은 12위이지만 미래 경쟁력은 아쉽게도 38위로 매우 낮게 평가되어 있다. 따라서 앞으로 서울의 미래 경쟁력을 높이기 위해서는 북한 수도권과의 연결을 통해 네트워크를 강화하는 방안을 적극 추진해야만 한다. 우선 신新경의선 교통망을 구축해 서울과 평양을 연결할 뿐만 아니라, TCRTrans China Railway이나 TSRTrans Siberian Railway을 통해 동북아와 유라시아까지 네트워크를 확산하는 것이 필수적이다. 또한 서울 인근의 북한 도시인 개성, 해주와 상호보완적 경제협력 관계를 구축하는 동시에 평양과 남포까지도 아우르는 광역경제권, 즉 '서울-평양 메가시티 리전'을 형성해나갈 필요가 있다.

광역경제권 전략을 정책적으로 적용하려는 시도는 유럽에서 먼저 시작되었다. 영국은 42개의 카운티County로 구성되었던 지역 구분을 9개 광역권으로 통합했다. 프랑스는 기존의 22개 레지옹Région을 6개 광역권으로 통합했으며, 대도시권 경쟁력 강화를 위해 11개 메트로폴Métropole 육성을 추진하고 있다. 독일은 11개 메트로폴리탄

세계 각국의 광역경제권 성장 전략

영국	42개 카운티(County)를 9개 광역권으로 통합(1997) 런던 및 남부 지역에 비해 상대적으로 낙후된 지역의 경제 활성화를 위해 맨체스터, 리즈, 리버풀 등 북부 지역의 주요 도시를 중심으로 8개 도시권(City-region)을 전략적으로 육성
프랑스	22개 레지옹(Région)을 6개 광역권으로 통합 구상(2002) 행정구역별 16개 대도시공동체(Communauté Urbaine)를 운영(2009) 대도시권 경쟁력 강화를 위해 11개 메트로폴(Métropole) 육성을 제안(2009)
독일	대도시권 중심 광역경제권의 성장 잠재력 극대화를 위해 11개 메트로폴리탄 지역(Metropolitan Region)을 주요 거점으로 지정(2005)
네덜란드	란트스타트(Randstadt) 지역은 암스테르담, 로테르담, 덴하그, 위트레흐트 등 여러 개의 소규모 거점도시로 구성된 네트워크 도시로 발전
일본	전국을 8개의 권역으로 나누어 광역지방계획을 수립(2009) 수도권, 오사카권, 나고야권 등 3개 대도시권 중심 성장 추진
중국	주장(珠江) 삼각주, 창장(長江) 삼각주, 징진이(京津冀, 베이징-톈진-허베이) 등 3대 핵심 도시군을 포함한 전국 10개 도시군을 중심으로 국가 발전 전략 수립
미국	11개의 메가리전(Megaregions)을 설정하고 대도시권과 인근 도시권을 광역교통망으로 연결. '메트로폴리탄 국가론(Metropolitan Nation)'은 광역경제권 중심으로 경제 회복을 추진하는 국가경제 성장 정책

출처 : 김동주 외, 《글로벌 도시권 육성 방안 연구(I)》, 국토연구원, 2010, 36-69쪽; 김동주 외, 《국토의 글로벌 경쟁력 강화를 위한 광역경제권 발전방안 연구》, 국토연구원, 2009; 최홍, 〈광역경제권 출범과 지역 기업의 대응 과제〉, 《SERI 경제포커스》 제252호, 삼성경제연구소, 2009, 1쪽.

지역^{Metropolitan Region}을 거점도시권으로 지정했다. 네덜란드의 란트스타트^{Randstadt} 지역은 암스테르담, 로테르담, 덴하그, 위트레흐트 등 소규모 도시들의 연결로 이루어진 네트워크 도시의 좋은 사례다.

아시아 지역에서도 광역경제권 중심 성장 전략이 추진되고 있다. 일본은 전국을 8개의 권역으로 나누어 광역지방계획을 수립했는데, 수도권·오사카권·나고야권 등 3개 대도시권을 중심으로 성장 전략을 추진하고 있다. 중국은 주장^{珠江} 삼각주, 창장^{長江} 삼각주, 징진이^{京津冀}(베이징, 톈진, 허베이를 통합하여 부르는 말)의 3대 도시군을 핵심으로 하여, 모두 10개의 도시군을 중심으로 한 전국적인 발전 전략을 추진했다.

미국의 '메트로네이션^{Metronation}'은 광역경제권 중심으로 경제 회

미국의 11개 메가리전 분포

The Emerging Megaregions

캐스카디아
북부 캘리포니아
남부 캘리포니아
프런트 레인지
애리조나선 코리더
텍사스 트라이앵글
걸프 코스트
오대호
북동부
피드몬트 애틀랜틱
플로리다

Metro Area Population
150,000 | ~6 million
1 million
1 to 3 | 3 to 6
million | million

출처 : Regional Plan Association map. www.wikipedia.org

복을 추진하는 국가경제 성장 정책이다. 미국의 100대 대도시권이 GDP의 76%를 차지하며, 그중 세계 100대 경제권에 속하는 42개 대도시권이 이미 각각 하나의 국가처럼 기능하고 있다는 인식에서 출발했다. 미국의 메가리전Megaregions은 대도시권과 인근 도시권을 광역교통망으로 연결하는 계획을 담고 있는데, 미국 전역에서 모두 11개의 메가리전이 성장하고 있다. 예를 들어 보스턴-뉴욕-워싱턴 D.C.를 연결하는 북동부 메가리전은 미국 최대의 메가리전으로, 고속철을 통해 미국 중남부 지역까지도 연결된다. 시카고-디트로이트-피츠버그를 연결하는 오대호Great Lakes 메가리전은 광역교통망으로 연결되어 미니애폴리스, 캔자스시티, 세인트루이스까지도 포함하는 광역경제권이다. 미국 메가리전의 영역 설정은 행정구역 단위인 주 경계와는 무관하게 거점도시들의 경제적 상호연관성에 의해 결정되는 것이 특징이다.

국가에서 지역으로, 경쟁 단위의 변화

광역경제권은 글로벌 경쟁의 단위가 '국가'에서 '지역'으로 전환되는 과정에서 나타난 지역 발전 전략이다. 광역경제권을 중심으로 하는 발전 전략은 규모의 경제를 실현하는 데 유리하다. 인접 지역들을 기능적으로 통합하여 인프라 구축, 산업 지원, 지역 개발 투자 등을 추진함으로써 효율성을 높일 수 있다. 이러한 지역 단위의 협력은 한 국가 내에서만 이루어지는 것이 아니라 국경을 초월하여 인접한 도시들 간에 발생하기도 한다. 긴밀한 경제적 연계를 통해 초국경 광역경제권이 형성되는 것이다.

이와 같이 지리적 근접성과 상호보완성을 바탕으로 하는 접경 지역에서의 초국경적 경제협력은 세계 여러 지역에서 발전 모델로 채택되었다.[10] 미국 샌디에이고와 멕시코 티후아나의 협력을 비롯하여, 홍콩과 중국 선전을 연결하는 경제특구, 싱가포르를 중심으로 말레이시아 조호르Johor주와 인도네시아 리아우Riau주를 연결하는 '시조리Sijori' 성장 삼각주, 독일과 네덜란드의 광역 기업도시 육성을 위한 '유로지오Eurogio' 협력체제 등이 주요 사례다. 접경 지역의 상호보완적 협력이라는 관점에서 보면, 개성공단 경제특구도 여기에 포함될 수 있을 것이다.

실제로 한 국가의 정치적 영역을 초월하여 이루어지는 경제협력이 역사적으로 볼 때 결코 새로운 것은 아니다. 자본, 노동력, 상품, 원자재, 여행객 등 초국경적 흐름은 오래전부터 존재해왔다. 그러나 과거의 초국경적 경제활동의 주체가 주로 국가였던 것에 반해, 1980년대 이후부터는 국가경제가 해외 기업들에게 개방되고 경제주체들이 글로벌 시장에 참여하게 되면서 급격한 변화가 나타나기 시작했다. 국가의 역할이 감소되고 국경의 구분이 희미해지면서, 도시들과 지역을 아우르고 국경을 초월하는 협력지대가 등장하게 된 것이다. 초국경적 M&A가 진행되고 외국 기업들의 네트워크가 확장되며, 글로벌 금융시장으로 편입이 진행되었다. 전 세계적으로 다양한 초국경적 거래가 증가하고 있으며 도시들을 연계하는 네트워크도 함께 성장하고 있다.[11]

광역경제권은 세계 경제의 패러다임 변화와 맞물려 새로운 경쟁 전략을 출현시키고 있다. 기술의 발전을 통해 새롭게 등장하는 산업은 광역경제권을 무대로 급속히 성장하고 있으며 기존의 산업 발전 모델과 경제 운용 방식을 혁신적으로 변화시킬 수 있는 잠재력을 가지고 있다. 이제 세계의 도시들은 새로운 변화와 도전을 맞이하고 있는 상황이다. 20세기 말에 등장한 '신경제' 패러다임은 기존의 물질적 기반 위에 발전을 지속해왔던 산업과 도시들에게 새로운 게임의 법칙을 제시했다.

국경을 초월한 경제협력이 발생하고 있는 공간적 배경은 주로 세계적 대도시권이다. 이러한 대도시들은 네트워크로 서로 연계되어 협력하는 관계이기도 하지만, 동시에 다른 도시들보다 많은 네트워크를 확보하기 위한 경쟁 관계에 놓여 있기도 하다. 대도시권은 새로운 국가 경쟁력의 핵심이자 성장의 기반으로, 이제는 한 국가의 역량이 대도시권의 역량에 좌우되는 시대가 되었다. 초국경적 경제협력은 글로벌 경쟁의 패러다임도 변화시키고 있으며, 기존의 국가 단위 경쟁으로부터 초국경 광역경제권 단위로 글로벌 경쟁이 재편되고 있는 것이다.

중국의
네트워크 도시 모델

초국경적 경제협력이 확대됨에 따라서, 인접한 도시 간의 경제협력을 기반으로 하는 '지역국가Region States'의 개념이 민족국가의 개념보다 의미 있는 영토적 분리선이라는 주장도 나오고 있다. 오마에 겐이치大前研一는 그의 책,《국가의 종말》에서 국경을 초월하는 세계도시들의 경제적 협력 관계를 강조하면서, 이러한 흐름을 민족국가의 쇠퇴 및 새로운 지역국가의 부상이라고 표현했다.

"적어도 경제적인 의미에서는 전통적인 민족국가들을 연결시켜왔던 접착제가 녹기 시작했다. …… 정치적 집합체인 민족국가는 최신 경제활동지도상에서 더 이상 유용한 단위로 인식되지 않는다. …… 초국경시대의 세계에서는 자연적으로 이루어진 경제지대들이 주역이 된다. 지리적인 크기는 제한되어 있지만 그들은 막강한 경제적 영향력을 발휘한다. …… 이러한 지역국가들은 특정한 국가의 국경선 안에 들어있을 수도 있고 그렇지 않을 수도 있다."[12]

홍콩 – 광둥성 경제협력 모델

오마에 겐이치는 홍콩과 그 주변 지역의 관계를 초국경적 협력의 주요 사례로 들었다. 홍콩 경제의 발전이 선전을 넘어 광둥[广东]성의 다른 여러 지역들까지 폭넓게 영향을 주었음을 강조하고, 이러한 초국경적 지역 간 협력이 앞으로 세계 도처에서 더욱 활발하게 진행될 것으로 전망했다. 비록 민족국가의 개념이 실제로 종말을 맞게 될 것인지에 대해서는 논란의 여지가 있지만 경제적 협력이 정치적 경계를 초월하여 보다 광범위하게 확산되고 있음을 지적했다는 점에서는 의미가 있다.

1978년 중국의 개방정책으로 국경이 개방되면서 홍콩 경제는 큰 변화를 겪기 시작했다. 저임금의 중국 근로자가 유입되면서 홍콩의 제조업은 활력을 얻기도 했지만, 이후 중국 인구 유입을 제한하는 조치가 발표되자 홍콩 제조업이 대거 중국으로 이전했다. 홍콩-광둥성 간 무역은 1990년대 초반 가공무역을 시작으로, 점차 홍콩 제조업 공장시설이 중국으로 이전하는 방향으로 진행되었다. 홍콩 경제에서 제조업의 비중은 1990년 16.1%에서 2007년에 2.4%로 감소했고, 제조업 종사자 수는 같은 기간 동안 76만 명에서 15만 명으로 감소했다.[13]

홍콩 경제는 제조업 분야의 축소를 서비스 분야의 성장으로 상쇄함으로써 성장을 유지했다. 이에 따라 홍콩은 제조업의 공동화와 함께 서비스업 중심 경제구조로 변화되었다. 1997년 이후에는 광둥성 경제의 독자성이 더욱 높아져서 오히려 광둥성 경제가 홍콩 경제를 견인하고 있다. 홍콩에서 중국으로의 수출 총액은 지속적으로 증가하고 있으나, 외주가공의 비중은 1991년 55.5%에서 2008년 34.4%로 감소했다. 외주가공의 비중 감소 현상은 중국의 수입 및 타 지역 재수출에서도 동일하게 나타나고 있다. 이는 홍콩 투자 기업이 중국 내에서 역할이 축소되는 반면, 광둥성의 독자적 수출 능력이 향상되었음을 의미한다.[14]

현재 홍콩과 중국은 하나의 국가 안에 자본주의와 사회주의 체제를 공존시키는 일국양제를 적용하여 홍콩의 경제적 독립성을 인정하고 있다. 자유로운 자본 이동과 함께 부분적인 노동 이동이 가능한 상태이고, 경제통합의 심화에 따라 도시 간 분업 및 기능의 분화가 진행 중이다. 홍콩-선전 간의 협력으로 시작된 발전의 방향은 광둥성 전체의 발전으로 연결되었으며 이제는 여러 도시들을 연계한 거대 경제권이 하나의 도시와 같이 기능하고 있다. 홍콩 통계국에 의하면 홍콩과 선전을 오고 가는 인구가 하루에 60만 명 수준이라고 하니, 실제로 하나의 경제권으로 작동하고 있다고 말할 수 있다.

주장 삼각주 사례와 한반도 적용

전 세계의 여러 광역경제권 중에서도 홍콩과 광둥성을 포함하는 주
장 삼각주 지역Pearl River Delta은 한반도에 시사하는 바가 크다. 주장
은 광둥성 광저우廣州에서 바다로 흘러드는 강을 말하는데, 간선 하
천인 시장西江, 베이장北江, 둥장東江이 만나면서 바다로 나가는 곳에
삼각주가 형성되어 예로부터 사람과 물자의 교환이 활발히 이루어
진 곳이다. 이 지역은 중국 정부가 개혁·개방 정책을 시행하면서

주장 삼각주 지역의 다완취 프로젝트

다완취(大灣區, Greater Bay Area)
홍콩, 마카오와 광둥성 9개 도시(광저우, 선전, 중산, 포산, 둥관, 주하이, 후이저우, 장
면, 자오칭)를 단일 경제·생활권으로 통합

총인구(2017년)	GDP(2017년)
6,700만 명(한국은 5,178만 명)	**약 1조 5,000억 달러**(한국은 약 1조 5,300억 달러)

출처 : "광저우-홍콩 고속鐵로 48분… 질주하는 中 '대만구'", 《조선일보》, 2018.4.23.

가장 먼저 빗장을 연 지역으로, 이미 1978년에 주장 삼각주 경제계획의 시동이 걸렸다.

주장 삼각주 지역은 홍콩과 마카오를 포함하여 광둥성의 주요 9개 도시(광저우, 선전, 중산, 포산, 둥관, 주하이, 후이저우, 장먼, 자오칭)를 아우르는 거대한 단일 경제권인 '다완취大灣區, Greater Bay Area'로 진화하고 있다. 이 지역은 중국 남부 최대의 경제·금융 중심지로서, 총인구는 약 6,700만 명, GDP는 약 1조 5,000억 달러로 경제 규모 면에서 한국과 비슷한 수준이다. 중국 정부는 2030년이 되면 다완취가 미국의 샌프란시스코만, 일본의 도쿄만을 추월하여 세계 최대의 경제 허브로 성장할 것이라고 전망하고 있다.[15]

주장 삼각주 사례에서 특히 주목해야 할 부분은 여러 도시들을 서로 연결하는 네트워크 인프라의 구축이다. 처음에는 홍콩과 선전 간의 경제협력으로 시작되었던 것이 중국 광둥성 전역과 마카오까지 연계된 거대한 광역경제권으로까지 성장하기 위해서는 도시와 도시를 연결하는 혈관과 신경망의 구축이 필수적이기 때문이다. 광저우-선전을 연결하는 고속철도는 2011년에 개통이 되었고, 선전-홍콩 구간은 2018년 9월에 개통될 예정이다. 그렇게 되면 광저우-선전-홍콩을 연결하는 '광선강廣深港' 고속철도를 통해 이동 시간이 40분대로 단축된다. 뿐만 아니라, 홍콩과 마카오·주하이를 연결하는 강주아오대교, 광저우와 동관을 연결하는 후먼2대교, 선전과 중산을 연결하는 선중대교 등이 잇달아 개통되면 주장 삼각주 지역의 도시 간 네트워크는 더욱 강화될 예정이다.

주장 삼각주가 발전해왔던 과정을 돌이켜보면, 주요 도시와 홍콩을 잇는 철로와 고속도로가 놓이면서 이미 1980년대부터 홍콩의 자본이 대거 유입되기 시작했다. 이를 통해 통신설비, 컴퓨터, 전자설비 제조업 등 전자 산업 분야의 핵심 생산기지로 발전했다. 이제 주장 삼각주 지역에서는 기존 제조업 중심의 도시를 넘어서는 도시 클러스터 개발 계획이 준비되고 있다. 광둥성은 2014년 3월 전국 인민대표회의에서 〈광둥성 광대역 네트워크 인프라 건설의 전면 추진에 관한 의견〉을 발표했다. 광둥성 전역에 광대역 통신 인프라를 구축하고 주장 삼각주 지역에 우선적으로 글로벌급 스마트시티를 건설한다는 계획이다. 여기에는 정보화설비를 중점적으로 건설하고 빅데이터, 클라우드 컴퓨팅, 인터넷 기술 등을 운용하며 제조업 전반에 스마트 기술을 적용하겠다는 내용이 포함되어 있다.[16]

주장 삼각주 도시 네트워크의 경쟁력 중 하나는 서로 다른 강점을 가진 도시들의 상호보완적 시너지 효과를 기대해볼 수 있다는 것이다. 홍콩은 금융·무역·서비스업에 강하고, 마카오는 관광·레저 산업이 발달했다. 또한 선전과 광저우에서는 스마트폰·전기차·사물인터넷·인공지능 등 4차 산업이 빠르게 성장하고 있다. 앞으로 더욱 편리한 교통 인프라가 구축되면 중국 기업은 홍콩의 금융·회계·법률 서비스를 보다 쉽게 활용하고, 글로벌 역량이 높은 우수한 인재를 영입하기가 유리해진다. 홍콩 입장에서도 중국의 첨단 제조단지 성장으로 긍정적인 효과를 얻게 될 것이다.

이와 같이 주장 삼각주 지역에서 성공적으로 진행된 홍콩-광둥성 경제협력 모델은 앞으로의 남북한 경제협력에 바람직한 롤모델이 될 수 있다. 홍콩과 선전은 서로 체제가 다른 상황에서 국경을

홍콩–광둥성 경제협력 모델의 한반도 적용

구분		중국의 사례	한반도 적용(전망 포함)
발전 단계	초기 협력	홍콩–선전(경제특구)	서울–개성공단(경제특구)
	확대 발전	홍콩–선전–광저우	서울 · 인천–개성 · 해주–평양 · 남포
주요 거점 및 배후도시		홍콩, 선전, 광저우, 마카오, 주하이, 중산, 장먼, 둥관, 포산, 후이저우, 자오칭 등	서울, 인천, 개성, 해주, 평양, 남포, 영종도, 강화도, 교동도, 김포, 파주, 사리원, 신천 등
교통 인프라 연결		강주아오대교 (홍콩–마카오 · 주하이) 광선강 고속철(광저우–선전–홍콩) 선중대교(선전–중산) 후먼2대교(광저우–둥관)	新경의선고속철 (서울–개성–해주–평양) 개풍대교(강화–개성공단) 해주대교(해주–연안–교동도) 남북평화연도교(영종도–신도–강화도)
공항 · 항만 규모		홍콩 국제공항(4위, 7,292만 명) 광저우 국제공항 (6위, 6,580만 명) 선전항(3위, 2,400만 TEU*) 홍콩항(5위, 1,980만 TEU)	인천 국제공항(10위, 6,208만 명) 인천항(57위, 270만 TEU) 부산항(6위, 1,940만 TEU)
인구		약 6,700만 명 (주장 삼각주 지역)	한반도 전체 인구 7,740만 명 (남한 5,179만 명, 북한 2,561만 명) 인구의 약 50%가 서울–평양 수도권에 거주
GDP		약 1조 5,000억 달러 (주장 삼각주 지역)	남한 1조 6,932억 달러 북한 168억 달러 (서울 · 인천 · 경기는 남한의 48% 수준)

* TEU : Twenty-foot Equivalent Unit, 길이가 20피트인 컨테이너 박스를 표준으로 하여 컨테이너 박스의 개수를 세는 단위.

출처 : 민경태, 〈서울–평양 네트워크 경제권 구축을 통한 한반도 성장전략 구상〉, 51쪽의 구상을 바탕으로 수정·보완했음; 교통 인프라 연결 전망은 인천시의 서해평화협력 구상을 참조. "박남춘 인천시장 당선인 '서해평화 협력 중심도시 인천' 속도", 《중부일보》, 2018.6.21.

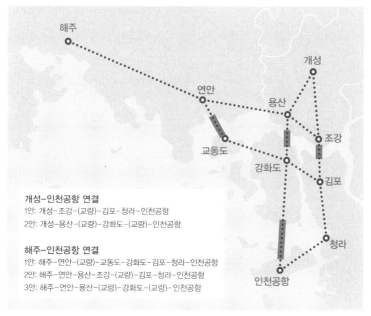

인천-개성-해주 교통 인프라 연결 구상

개성-인천공항 연결
1안: 개성-조강-(교량)-김포-청라-인천공항
2안: 개성-용산-(교량)-강화도-(교량)-인천공항

해주-인천공항 연결
1안: 해주-연안-(교량)-교동도-강화도-김포-청라-인천공항
2안: 해주-연안-용산-조강-(교량)-김포-청라-인천공항
3안: 해주-연안-용산-(교량)-강화도-(교량)-인천공항

출처 : 민경태, 〈서울-평양 네트워크 경제권 구축을 통한 한반도 성장전략 구상〉, 124쪽.

초월한 경제협력을 시작했으며, 이를 더욱 확대·발전시켜서 광둥성 전체를 포함하는 주장 삼각주 지역이 세계적인 광역경제권으로 성장했기 때문이다.

왼쪽의 표는 홍콩-광둥성의 발전 모델을 남북한 경제협력의 모델로 적용해본 것이다. 서울-개성 간 협력으로 시작된 개성공단 모델을 서울-평양 경제권 모델로 확대·발전시키자는 구상이다. 홍콩과 선전 경제특구의 협력이 광둥성 전체 지역의 발전으로 확산되었듯이 개성공단 경제특구의 협력을 확대하여 평양·남포·해주를 포함하는 서울-평양 경제권으로 확산시키는 것이다.

이를 위해서는 우선 중단되었던 개성공단을 빠른 시일 내에 재가동하고, 해주에도 경제특구를 만들어 남북한 협력 공간을 확대할 필요가 있다. 여기에 인천공항이 있는 영종도, 한강 하구의 강화도와 교동도, 그리고 인천, 김포, 해주, 개성 등을 서로 연결하는 교량을 건설하면 주장 삼각주 못지않은 동북아의 핵심 경제권으로 성장시킬 수 있을 것이다.

한반도 메가수도권의 탄생

한반도에서 가장 효율적이고 유기적인 남북한 경제협력 구조를 만들기 위한 방안으로서, 서울과 평양을 연결하는 경의선축과 인근 서해안 중소도시들을 서로 연계하는 '서울-평양 네트워크 경제권'을 제안하고자 한다. 이 지역을 인구와 산업시설이 집중되어 있는 남북한 공동의 광역경제권으로 만들게 되면, 초고속 교통·통신망 등 네트워크 인프라를 통해 남한의 산업 역량이 급속하게 북한으로 확산될 수 있으며 동시에 북한의 상대적 경쟁력을 남한이 적극 활용할 수 있는 상생의 경제활동 무대가 마련될 수 있다.

서울-평양 네트워크 경제권은 초고속 교통·통신 및 에너지 등 첨단 인프라를 기반으로 형성되는 일련의 도시 네트워크다. 여기서 도시 간의 네트워크는 기존의 물리적 연결성만을 의미하지 않는다. 초고속 교통망과 광대역 통신 기술에 기반한 네트워크 효과는 서울-평양 간의 공간적 제약을 없애고 두 지역을 동일한 경제권으로

한반도 메가수도권과 K자형 네트워크

TSR과 연결

은성

회령

나진

청진

TCR과 연결

김책

만포

강계

삭주

신의주

함흥

평양

원산

고성·금강산

남포

사리원

한반도
메가수도권

신천

개성

해주

파주

강화·김포

인천공항

서울

수원·화성

평택

세종

대전

익산

포항

새만금·군산

대구

전주

마산·진해

울산

광주

광양

부산

목포

출처 : 민경태, 〈서울―평양 네트워크 경제권 구축을 통한 한반도 성장전략 구상〉, 96쪽.

통합시킬 수 있다.

이와 같은 조건에서는, 북한이 물질적 생산요소를 직접 '소유' 하지 않더라도, 남한의 수도권 인프라에 단지 '접속'함으로써 네트워크 경제를 성장시키는 데 필요한 환경을 갖출 수 있다. 네트워크 경제의 새로운 가능성을 활용하여 남북한 경제협력 방식의 패러다임을 전환하는 것이다. 이를 기반으로 서울-평양 경제권에서는 기존에 불가능했던 남북한의 '신경제'적 협력 추진이 가능하다. 이 지역은 남북한의 네트워크 경제를 실현하기에 가장 적합한 조건을 가지고 있다.

남북한 협력 초기 단계에서 서울-평양 경제권은 국경을 초월한 광역경제권이라는 점에서 '메가시티리전'의 성격을 지닌다. 그러나 경제적 협력이 성숙되고 정치적 통합까지도 실현되는 단계에서는 서울과 평양을 포함하는 정치·외교적 중심이자 한반도의 통합적 수도권 기능을 수행하는 '메가수도권'으로서의 역할을 기대할 수 있는 지역이기도 하다.

그렇게 되면 수도의 기능 및 정부 조직도 하나의 도시에 집중할 필요 없이, 메가수도권을 구성하는 각 도시들의 특성과 장점을 고려하여 분산 배치할 수 있을 것이다. 즉, 미래 한반도의 수도는 하나의 도시만을 지정하는 것이 아니라 메가수도권 지역의 여러 도시들이 네트워크로 연계되어 정치·경제적 기능을 공유하는 도시 네트워크 형태가 바람직하다.

남북한 경제협력의 최적지

한반도의 동고서저^{東高西低} 지형 특성상 북한의 산업시설 및 인구가 서쪽에 치우쳐 집중 분포되어 있다는 점을 고려하면, 남북한의 기능을 공간적으로 연결하기 위해서는 서울-평양 메가수도권이 가장 적합한 지역이라는 것을 알 수 있다. 즉, 남한에서 산업과 교통 인프라가 가장 발달되어 있는 경부선축이 북서쪽으로 연장되어 뻗어나가는 형태가 되는 것이다. 서울-평양과 주변의 서해안 중소도시를 네트워크 인프라로 연결하면 단일도시와 같이 유기적으로 기능할 수 있는 광역 경제권이 형성된다. 메가수도권은 산업 역량 및 인프라가 집중된 남한의 수도권과 북한의 주요 거점도시들을 직접 연결함으로써 가장 효과적으로 한반도 전체의 성장을 이끌어낼 수 있는 핵심 지역이다.

메가수도권의 도시 네트워크 구조는 북한의 서해안 도시들이 남한 수도권의 발전된 산업 역량과 인프라의 혜택을 쉽게 공유할 수 있도록 구성해야 한다. 평양·남포 지역은 남한 수도권으로부터 비교적 가까운 거리에 위치하여 고속교통망을 통한 물리적 연계도 용이하다. 특히 평양·남포 지역에는 대학이 밀집되어 있고 우수한 인력을 보유하고 있으므로 남한과의 협력을 통해 지식 기반 산업 및 4차 산업 육성을 위한 국가 연구기관, 기업 R&D 센터, 벤처단지 등을 구축하기에 적합하다.

이 지역은 한반도 성장 동력의 중심일 뿐만 아니라 환^環황해 경제권의 핵심으로 성장할 수 있는 지경학적 잠재력을 갖추고 있다. 이미 동북아의 허브공항 역할을 하는 인천공항 외에 인천·남포·해주 등 3개의 항만을 포함하고 있다. 한반도를 관통하는 고속

교통망이 뚫리면 중국 및 러시아와 육로로도 쉽게 연결될 수 있다. 동북아 허브공항을 보유하고 있는 인천은 한반도 메가수도권의 글로벌 게이트웨이 역할을 하기에 손색이 없다. 인천공항 일대를 무관세 자유 지역으로 육성하고, 항공·해상 교통, 통신, 업무, 레저의 중심이 되는 국제자유도시로 발전시키는 전략이 필요하다.[17] 메가수도권의 3대 항구인 인천항·남포항·해주항은 환황해권 경제협력의 해상 관문으로서, 한반도와 세계를 연결시키는 역할을 하게 될 것이다. 북한의 남포항·해주항은 남한의 인천항·평택항과의 역할 분담 및 기능적 연계를 고려하여 메가수도권의 핵심 무역항이자 물류 거점으로 육성해야 한다.[18]

메가수도권의 주요 항만과 인천공항이 다른 거점도시들로부터 원활한 접근성을 확보하기 위해서는 고속교통망과의 연결이 필수적이다. 한반도를 관통하는 초고속교통망을 통해 메가수도권이 중국 TCR 및 러시아 TSR과 효과적으로 연결되려면 광역인프라망을 구축해야 한다. 목포·광주–군산·전주–인천·서울–해주·개성–남포·평양–신의주로 이어지는 한반도 서해 발전축상에서, 메가수도권의 서해안 지역은 중추적 역할을 담당하게 될 것이다. 이 지역은 중국 연안 지역과의 경쟁과 협력이 예상되므로 남북한 협력을 통해 경쟁력을 차별화할 수 있는 신성장 산업지대로 육성할 필요가 있다.[19]

서울에서 평양까지 1시간에 주파

공간과 거리에 대한 개념은 고정된 것이기보다는, 기술 발전에 의해 얼마든지 변화할 수 있는 것이다. 인류 역사가 발전함에 따라서 공간 개념의 변화도 함께 진행되어왔다. 실제로 중부 유럽의 일일이동패턴day-to-day mobility pattern 기록을 살펴보면, 하루에 이동했던 평균 거리가 1800년에는 20m 정도에 불과했던 것이 1990년에는 30km 이상으로 증가한 것을 알 수 있다. 교통수단의 발달에 따라 자연스럽게 평균 이동 거리가 증가한 것이다. 그런데 여기서 흥미로운 사실은, 매일 이동에 소요된 평균 이동 시간은 한 시간 정도로 거의 변하지 않았다는 것이다.[20]

그렇다면 오늘날 기술 발전에 의해 한 시간 동안 이동할 수 있는 거리는 얼마인가? 중국에서 운행되고 있는 고속철의 속도는 이미 300km/h를 넘어섰다. 기술적으로만 본다면 서울–평양 간 거리인 200km 정도는 한 시간 내에 이동하는 것이 가능하다. 이제 서울과 평양은 동일한 도시권으로 여겨질 수 있는 시대가 오고 있는 것이다.

교통수단의 발전은 단순한 물리적 연결성을 향상시키는 데에 그치지 않고, 공간과 도시 개념의 전환을 가져온다. 1990년대에 수도권 신도시에서 서울로 출퇴근하는 생활 패턴이 일상화되었다면, 2020년대에는 서울–평양 간을 출퇴근하는 생활 패턴이 등장할 수도 있다. 이러한 공간적 개념의 변화는 메가수도권을 중심으로 한반도의 미래를 혁신적으로 변화시킬 엄청난 잠재력을 의미한다.

네트워크 경제에 적합한 공간구조

한반도 메가수도권의 남북한 경제협력이 활성화되기 시작하면, 서울과 평양 등 주요 거점도시를 중심으로 인구 및 산업시설이 집중되는 현상이 심화될 것이다. 메갈로폴리스 또는 메가시티리전과 같은 광역경제권에서는 대도시권으로의 개발 집중화 현상에 따른 문제가 당연히 발생할 것이다. 이러한 집중화 현상을 무조건 억제하고 지방 분산화 정책을 추진할 것이 아니라 한반도의 글로벌 경쟁력을 강화하면서도 수도권 과밀화 문제를 함께 해결하는 방안을 모색해볼 필요가 있다.

이를 해결하기 위해 중소도시들이 네트워크로 연결된 도시구조가 해결책으로 제시되고 있다. 즉, 기존 대도시권을 중심으로 도시영역을 지속적으로 확장하는 방식이 아니라, 주변의 다른 거점도시와 네트워크 연결망을 강화하는 방식으로 도시가 성장하는 것이다. 이는 기존 대도시권의 경쟁력을 강화하면서도 과밀화 문제를 함께 해결하는 방안이 될 수 있다. 즉, 메가수도권의 공간구조는 기존 수도권의 중심지 체계를 유지한 채 공간적 확장을 추진하는 것이 아니라, 여러 거점도시들이 서로 연결된 네트워크 체계를 적용하는 것이다(152쪽 그림 참조).

현재 남한의 수도권 지역은 거의 모든 도시들이 서로 공간적으로 연결되어 있기 때문에 집중화·과밀화로 인한 문제점이 크다. 서울·인천·경기 지역에만 남한 전체 인구의 50%가 모여 있다. 그러나 메가수도권의 북한 지역은 황해남도·황해북도·평안남도에 걸

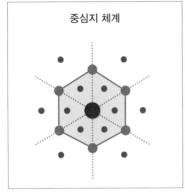
중심지 체계

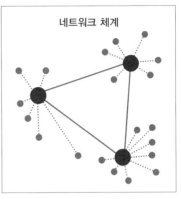
네트워크 체계

출처 : Stephan Graham and Simon Marvin, 《Telecommunications and the City: Electronic Spaces, Urban Places》, Routledge, 1996, pp. 57~59; 김동주 외, 《국토의 글로벌 경쟁력 강화를 위한 광역경제권 발전방안 연구》, 국토연구원, 2009, 7쪽.

처 있는 보다 넓은 지역을 대상으로 한다. 공간적으로 비연속적인 여러 중소도시들이 네트워크로 연결된 구조를 적용하면, 수도권 집중으로 인한 문제를 해결하면서도 도시의 경쟁력을 유지할 수 있을 것이다.

남북한 수도권 통합의 방향 역시, 무분별한 도시화와 공간 확장으로 발생하는 폐해를 방지해야 하며 단순히 여러 도시들의 규모를 합쳐놓은 것에 그쳐서는 안 된다. 이를 위해 기존의 중심지 체계 공간구조는 네트워크 체계 공간구조로 전환하여 도시 기능을 분산시킬 필요가 있다. 공간적으로는 서로 분리되어 비연속적으로 배치된 다수의 도시들이지만 이들이 마치 하나의 도시와 같이 기능하게 만드는 것이다. 메가수도권의 여러 도시들을 초고속 교통·통신망으로 연결한 도시구조는 네트워크 효과를 통해 도시 기능의 효율성은 높이면서도 도시 과밀화를 방지하는 효과를 지닌다.

　한반도 전체적으로 보면 메가수도권 지역에 인프라 및 산업시설이 집중되는 현상은 점점 심화될 것이다. 이러한 역량의 집중을 인위적으로 억제할 것이 아니라 오히려 이를 적극 활용함으로써 글로벌 광역경제권으로서 경쟁력을 높여야 한다. 북한 거점도시와의 연결을 통해 메가수도권에 네트워크 도시구조를 적용하게 되면, 현재 남한 수도권의 문제점인 과밀 현상을 공간적 확장을 통해 해결하는 것이 가능하다. 아울러, 남북한의 네트워크 경제를 통해 신성장 산업을 육성하고 산업의 고도화를 추진하기에 적합한 구조로 변화시키는 것도 가능하다. 이것이 바로 미래 한반도의 지속가능한 성장을 위한 네트워크 도시구조다.

4장

한반도 국토 개발의

방향

제2의 싱가포르와
선전 개발

북한의 《노동신문》은 북미 정상회담 참석을 위해 싱가포르를 방문한 김정은 위원장이 2018년 6월 11일 밤 시내의 여러 명소를 참관했다고 보도했다. 해당 보도에서는 "싱가포르가 듣던 바대로 깨끗하고 아름다우며 건물마다 특색이 있다. 앞으로 여러 분야에서 귀국의 훌륭한 지식과 경험들을 많이 배우려고 한다"는 김정은 위원장의 말을 그대로 실으며, 김 위원장이 싱가포르의 사회경제 발전 실태에 대해 파악했다고 전했다.

북한의 젊은 지도자는 도시 개발에 대한 남다른 야심과 기대를 가지고 있을 것이다. 북한의 경제 상황을 개선시키는 것뿐만 아니라, 도약적인 경제개발을 통해 선진화된 도시를 건설하기를 원할 것이다. 북한의 고유한 경쟁력과 지경학적 잠재력을 감안하면 선도적인 동북아의 도시를 개발하는 것이 전혀 실현 불가능한 꿈만은 아니기 때문이다.

북한은 그동안 중국의 개혁·개방 사례를 눈여겨보아왔다. 특히 홍콩과 선전을 포함한 주장 삼각주 경제권의 발전은 세계적인 수준이며, 선전은 중국이 경제특구로 정하여 개혁·개방을 추진했던 선도적인 사례다. 덩샤오핑鄧小平은 사회주의 체제를 유지하면서도 시장경제 도입을 통해 빠른 산업화를 추진했다. 1980년 선전을 중국 최초의 경제특구로 지정하고 개혁·개방의 실험을 실시했던 것이 주효했다.

선전시의 GDP 성장률은 개발 초기부터 30년 동안 연평균 24.4%를 기록했는데, 1979년에 1억 9,000만 위안이었던 것이 2013년 기준 1조 4,500억 위안으로 성장했다. 이제 선전은 제조업의 기지이자 중국의 금융 허브로 성장하여, 국제금융센터지수GFCI: Global Financial Centers Index에서 상하이(20위)를 제치고 18위에 오르기까지 했다. 선전 증권거래소는 금융의 중심 역할을 하고 있으며, 여러 다국적기업의 본사들도 선전에 위치해 있다. 선전항은 세계 최대의 컨테이너 항구 중 하나로 남중국해의 주요 물류기지로서 기능하고 있다.

한편 싱가포르는 국가 주도로 성장 전략을 추진한 모범 사례다. 동남아 최고의 선진국으로서 시장경제의 성공 사례를 가지고 있지만, 단순히 서구 사회의 모델을 따르지 않고 독자적인 길을 걸어왔다. 싱가포르의 여러 전략 중에서도 북한이 가장 관심이 가는 부분은 싱가포르의 '권위주의적 정치체제'일 것이다. 싱가포르는 경제개발위원회 중심의 조직 구조를 통해 국가가 주도하는 기술과 제도 혁신을 추구함으로써 경쟁력을 높이고 있다.

또한 싱가포르 모델에서 주목할 만한 것은 지리적 이점을 활용해 자유무역의 허브로 성장했다는 것이다. 특히 금융거래, 물류, 항만, 관광 관련 산업에서 지속적인 혁신을 통해 매력적인 글로벌 도시로 성장했으며, 이를 뒷받침하기 위해 교육, 의료 분야 등 제도적인 면에서도 경쟁력을 제고해왔다.

선전과 싱가포르 모델의 장점을 함께 참고하여 북한 도시 개발의 모델을 구상해볼 필요가 있다. 선전은 북한이 경제특구·개발구 모델을 통해 개혁·개방 정책을 추진하는 데 참고할 수 있는 점이 많다. 싱가포르는 북한이 중앙집권적 정치체제를 유지한 상태에서 시장경제를 도입하는 데 교훈을 줄 수 있을 것이다. 또한 두 가지 사례 모두 지리경제학적 장점을 활용했다는 점에 주목해보자. 앞으로 남북한의 물류·교통망이 연결되면 한반도의 지경학적 환경이 변화할 것이다. 이때 선전과 싱가포르의 사례를 참고하면 남북한이 협력하여 도약적인 성장을 추진하는 데 도움이 될 것이다.

선전 모델 : 경제특구 중심 개혁·개방

선전은 여러 가지 면에서 북한에 교훈을 줄 수 있는 모델이다. 초기 개발 단계에는 홍콩, 대만과 인접한 지리적 특성을 활용하여 화교들의 무역 및 제조기지로서 성장했다. 선전의 풍부한 노동력을 바탕으로 수출 산업을 통해 경제를 발전시킨 것이다. 같은 시기에 선전과 함께 개방된 상하이가 초기부터 막대한 외자를 유치하여 발전해온 것과는 이 부분에서 차이가 있다.

　선전이 큰 성장을 거두게 된 배경으로 중국 정부의 파격적인 지원 정책 또한 빼놓을 수 없다. 내·외자 투자에 관계없이 외화 수입에 대한 세금을 면제해주고, 토지의 임대와 매매가 가능하도록 정책을 펼치는 등 정책적 지원을 통해 개혁·개방의 실험을 추진했다. 이와 같은 과정을 통해 선전은 도시의 규모 면에서도 큰 성장을 이루었다. 처음 특구로 지정된 면적은 396km²에 불과했으나, 2010년에는 선전 전체 도시 영역인 2,000km²로 확대되었다. 처음에 비해 다섯 배 가까이 커진 것이다. 1979년에 약 3만 명이었던 인구는 2017년에 이르러 1,200만 명이 넘게 성장했다.

　성장 초기 선전의 산업은 풍부한 노동력을 기반으로 한 임가공 산업 분야가 주를 이루었다. 외국에서 설비를 수입하고, 선전에서 재화를 생산·가공하여 중국 내륙에 판매하는 중계무역을 수행한 것이다. 그러다가 점차 수출 전략으로 정책을 변경하여, 1992년 기준 전체 생산량의 75%를 수출하게 되었다. 2000년에는 첨단 산업의 비중이 전체 산업의 48%를 차지할 정도로 주요 산업의 성격마저도 바뀌었다. 이와 같은 과정을 통해 선전은 명실공히 세계에서 가장 큰 전자 산업 제조단지로 성장했다.

　이제 선전은 다시 한 번 큰 변화를 맞고 있다. 단순히 IT 전자 제품을 제조하는 생산기지가 아니라, 벤처를 창업하고 육성하는 생태계를 갖춰가기 시작한 것이다. 선전은 전통적으로 제조 중심 기지였기 때문에 IT 제품 제조를 위한 우수한 인프라를 갖추고 있으며, 공장 간 클러스터가 잘 형성되어 있다. 따라서 새로운 아이디어

중국의 대표적인 경제특구인 선전시는 중국 정부의 대대적인 지원에 힘 입어 인구 1,200만 명이 넘는 첨단 IT 산업의 중심지로 성장했다.

를 가지고 있는 스타트업 기업이 시제품을 만들어 시험해보기 용이하다. 이런 환경을 바탕으로 선전에서는 벤처 창업 생태계가 활성화되고 있는데, 2016년 기준 국가·성급 창업 엑셀러레이터 또는 선전시로부터 정책 지원이나 인증을 받는 엑셀러레이터만 해도 약 144개에 달한다고 한다.[21]

북한의 경우에도 성장 초기 단계에는 노동력 기반의 산업을 통해 제조 역량을 다지고 주민 소득을 향상시키는 모델을 추진해야 할 것이다. 그러나 선전의 경우와 달리, 북한은 첨단 IT 산업과 지식 기반 산업 분야도 동시에 추진하는 것이 가능하다. 과거 중국의 도시가 점진적으로 성장하던 시절에 비해 기술 발전의 속도와 사업 환경이 달라졌기 때문이다. 게다가 북한은 남한이라는 훌륭한 견인차를 가지고 있다. 때문에 서울과 평양을 연결하는 것만으로도 남한의 발전된 역량을 북한이 빠른 시일 내에 흡수하는 것이 가능하다. 중국의 선전이 30년에 걸쳐 이룬 성장을 북한의 도시는 10년 내에 이룰 수도 있는 것이다.

평소 북한 투자에 큰 관심을 가지고 있는 것으로 알려진 짐 로저스 로저스홀딩스 회장은 북한의 도약 성장 가능성을 매우 높게 보고 있다. 1981년 중국이 개방할 때 중국인들은 자본주의에 대한 정보가 부족했지만, 북한은 이미 자본주의를 알고 있기 때문에 개방 정책을 추진함에 있어 중국보다 훨씬 좋은 조건에 있다는 것이다. 게다가 풍부한 자원과 뛰어난 인력을 가진 나라의 문이 열리는 것은 드문 기회라는 것이 그의 주장이다.[22]

싱가포르 모델 : 정부 주도의 혁신 추진

싱가포르는 북한이 상당한 관심을 갖고 있는 도시 발전 모델이다. 싱가포르는 서구의 자본주의를 그대로 받아들이지 않고, 아시아적 가치를 추구하는 권위주의 정치체제를 유지하면서도 경제체제는 사회주의와 자본주의를 병행하고 있다.[23] 이런 점이 북한 입장에서는 매우 매력적으로 느껴질 수 있다. 북한의 정치체제를 손상시키지 않고서도 시장경제의 장점을 수용하는 모델로 발전시킬 수 있기 때문이다.

싱가포르가 독특한 스타일로 성장을 거두게 된 요인은 중앙집

권위주의 정치체제를 유지하면서도 고속의 경제성장을 이룬 싱가포르 모델은 북한에 시사하는 바가 크다. 실제 북한의 젊은 관료들이 싱가포르에서 시장경제에 대한 교육을 받기도 했다.

권적 거버넌스와 지속적인 혁신으로 요약할 수 있다. 싱가포르는 중앙정부가 적극적으로 세계화를 추진해서 성공을 이룬 사례다. 싱가포르의 경제개발위원회는 투자와 관련된 제반 사항을 단일화하고, 필요시 관련 부서 및 기관들과 협업을 수행하는 강력한 컨트롤타워로 기능하고 있다. 조직 구조상으로는 통상산업부 산하의 기관이지만, 실제로 장관급 인사가 회장으로 임명되어 총리에게 직접 보고하는 체계이기 때문에 독립된 행정기관으로서 상당한 자율성과 권한을 가지고 있다. 경제개발위원회는 정부가 임명하는 12명 이하의 위원으로 구성되는데, 여기에는 공공 부문과 민간 부문의 대표, 싱가포르에 진출한 외국 기업의 대표 등이 포함되어 있다.

싱가포르 정부는 정치적으로는 권위주의적이고 중앙집권적인 권력 체계를 갖추고 있지만, 경제적인 면에서는 매우 다른 면모를 보여준다. 기업과 개인에 대한 경제적 자유를 보장하고 기업친화적인 환경을 조성하기 위해 노력한다. 글로벌 기업을 유치하기 위한 전략도 뛰어나다. 지역 본부 인증 제도를 통해 조세 감면, 행정 지원, 외국생활 지원 등 각종 인센티브와 편의를 제공한다.

정부의 적극적인 지원과 함께, 효율적이고 부정부패가 없는 공무 집행도 싱가포르의 중요한 성공 요인이다. 전 국토의 85%를 정부가 소유하고 있는 싱가포르는 공영주택, 교육, 보건 등 사회보장과 서비스 부분에 대폭 투자하여 국민이 살기 좋은 환경을 조성하고 있다. 또한, 정부는 기술과 제도의 혁신을 통해 끊임없이 싱가포르의 경쟁력을 제고시키려 노력하고 있다. 가장 효율적이고 친화적인 시스템을 갖추어서 글로벌 기업과 인재를 유치하려는 것이다. 이와 같은 노력이 결실을 맺어 유수의 글로벌 기업 대부분이 아시아 본사를 싱가포르에 두게 되었다.

북한은 이미 싱가포르로부터 자본주의 경제에 대해 배우는 중이다. 싱가포르에 있는 '조선 익스체인지Chosun Exchange'라는 대북 교류 목적의 민간단체가 북한 노동당·내각 간부, 무역 관계자 등을 대상으로 시장경제에 대한 교육을 진행하고 있다. 제프리 시Geoffrey See 조선 익스체인지 회장은 "북한 정부 간부들이 주로 30대 젊은 세대라 그런지 매우 개방적"이라며, "싱가포르의 경제 정책에 대해 공부하면서 어떤 점이 북한에 적용될 수 있는지 적극적으로 의견을 개진했다"고 전했다.[24]

북한은 싱가포르의 경제개발위원회 운영 노하우도 주의 깊게 살펴봐야 한다. 북한이 외국자본에 개방을 하게 되면 무분별한 투자와 개발이 일시에 이루어져 혼란스러운 상황이 발생할 가능성이 높다. 또한 북한의 미래 성장 동력이 제대로 확보되지도 못한 상황에서 외국자본에 중요 자산이 잠식되고 마는 어리석은 결과를 초래할 수도 있다. 이를 방지하기 위해 북한도 싱가포르처럼 국토 개발의 컨트롤 타워 역할을 맡을 경제개발위원회를 중앙정부 차원에서 조직하고 운영할 필요가 있다. 위원회 조직에는 한국 정부의 유관 부처 또는 정책 기관 전문가가 참여하여 남북한 경제협력의 관점에서 마스터플랜을 수립하는 방안도 검토해야 할 것이다.

한반도 서해안 지역을
주목하라

메가수도권의 주요 거점도시인 남포, 해주, 개성 등이 있는 북한의 서해안 지역은 성장 잠재력이 매우 높은 곳이다. 이 지역은 중국의 황해 연안, 남한의 서해안 지역, 일본의 규슈 지역 등을 연결하는 환황해권 경제협력의 중심이 될 수 있는 지리적 조건을 가지고 있다. 최근, 중국의 경제적 위상이 높아지면서 환황해권의 중요성도 함께 주목받고 있다. 메가수도권 북한 지역의 거점도시들과 남한의 경부선축, 서해안축을 연계하는 인프라 확충을 통해 미래 한반도의 산업 및 무역 거점으로 발전할 가능성이 높은 지역이다.

신新경의선 교통망의 필요성

메가수도권 북한 지역 거점도시와 남한의 수도권을 연결할 수 있는 기존의 연결망은 평양-사리원-개성-파주-서울로 이어지는 경의선축이 유일하다. 그런데 문제는 기존 경의선축 단일 네트워크만으로는 미래 한반도의 물류를 감당하기 어렵다는 점이다. 남북 경제교류가 활발하게 진행되면 남북 간 물류는 물론 유라시아에서 실은 컨테이너들이 남한까지 와야 한다. 기존 경의선은 서울 도심을 통과해야 하는데, 수십여 개의 컨테이너를 실은 열차가 서울역과 용산역을 지나는 것은 어렵다. 따라서 서울을 우회하여 김포·인천공항으로 연결되는 노선을 추가할 필요가 있다.

이 문제를 해결하기 위해 남포-신천-해주-강화·김포-인천공항을 연결하는 서해안 연결축을 검토해볼 필요가 있다. 특히 서해안 연결축은 메가수도권의 항공 및 해상 관문 역할을 하게 될 인천공항, 인천항, 해주항, 남포항 등과 긴밀하게 연결된다. 이들 주요 거점을 한반도 광역교통망과 연계하면 동북아 복합 물류망의 핵심으로 성장시킬 수 있다.

서해안 연결축 교통망 구상은 168쪽의 그림과 같다. 고속철도망은 기존 경의선축을 따르지 않고, 해주를 경유하게 된다. 즉, 평양-사리원-해주-개성-파주-서울 구간을 주축으로 하는 '신경의선'이다. 여기에 해주에서 분기하여 강화·김포를 지나 인천공항으로 직접 연결되는 구간을 추가하면, 평양에서 인천공항까지 1시간 이내에 이동할 수 있게 된다.

신경의선의 도입은 앞으로 중요 경제특구의 입지로 부각될 수 있는 해주를 적극 활용하는 방안이다. 이미 항만을 보유하고 있는 해주에 평양 및 서울과의 접근성까지 획기적으로 보완되면 환황해

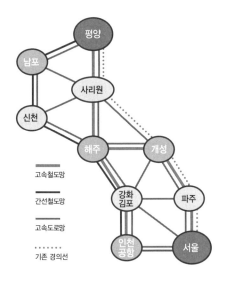

출처 : 민경태, 《서울 평양 메가시티》, 미래의창, 2014, 143쪽.

경제권의 핵심도시로 떠오르게 될 것이다.

간선철도망은 메가수도권의 서해 인접 거점들을 이어주는 서해안 연결축을 지나는 것으로 평양-남포-신천-해주-강화·김포-인천공항-서울 구간을 통과한다. 고속도로망은 주요 거점도시와 주변 도시들을 사다리 형태로 연결하는 구조를 기본으로 하되, 인근 도시 간에는 최단 거리로 직접 연결되도록 구성한다.

이와 같은 네트워크 도시구조는 향후 남북한의 경제협력 활성화 단계에서 메가수도권으로 인구 이동 및 집중이 발생할 경우에도 유리하다. 주요 거점도시인 인천·남포·해주·개성은 산업과 물류의 중심으로 만들고, 주변 도시인 사리원·신천·파주·강화·김포에는 특성화된 클러스터를 만들어, 산업시설을 효율적으로 배치하고 인구를 분산시킬 수 있다.

서해안 연결축의 기대 효과

서해안 연결축은 정부가 준비하는 한반도 신경제 구상의 환황해 경제 벨트를 구축하기 위해서도 중요하다. 환황해 경제 벨트는 수도권-개성공단-평양·남포-신의주를 연결하는 서해안 경협 벨트다. 경의선 개·보수, 고속도로 신설, 서울-베이징 철도 연결 등을 제대로 추진하기 위해서는 가장 효과적인 서해안 연결축의 설계가 필요하다. 평양·남포-신천-해주-강화·김포-인천공항을 연결하는 메가수도권 서해안 연결축의 타당성과 기대 효과를 정리하면 다음과 같다.

① 초고속 교통망 연결을 통한 남북한 수도권 기능의 공유

한반도의 허브공항인 인천공항을 비롯하여 김포공항, 인천항 등 공항 및 항만 인프라와 연결이 용이하다. 인천공항과 메가수도권의 거점도시들을 초고속 교통망으로 연결하면, 한반도의 중심에 위치한 인천공항의 허브 역할이 더욱 커질 것이다. 북한 주요 거점도시가 남한 수도권의 발전된 인프라를 통해서 글로벌 시장과 직접 연결되고, 한반도 경제권 통합을 통해 단기간에 남북한의 시너지 효과를 기대할 수 있다. 수도권 내 도시 간의 이동은 항공교통망을 이

용하기보다는 고속화된 육로를 활용하는 것을 우선적으로 추진할
필요가 있다. 평양·남포에서 인천공항까지는 직선거리로 200km
내외에 불과하며, 해주 등 인근 산업단지를 우회하더라도 250km
이내여서 고속철도로 1시간 이내에 도달할 수 있는 거리다.

② 서해안 산업단지 및 배후도시의 발전 촉진

기존에 남북한을 연결하는 교통망은 경의선과 경원선축을 중심으
로 형성되었으나, 이는 일제 강점기에 한반도의 자원을 일본과 동
북아에 가장 효율적으로 수송하기 위해 만든 노선이다. 이제 중국
과의 경제 교류가 확대되면서 서해안의 중요성이 커지고 있다. 따라
서 환황해 경제권의 중심 지역으로 성장할 남북한의 주요 거점도시
를 연계하여 발전시키는 것이 좋다. 이를 위해서는 기존 경의선축을
보완함과 동시에 경의선 서쪽 서해안 지역의 주요 거점을 연결하는
제2의 연결축을 추가로 건설해야 한다. 이미 북한에서도 남포, 해
주 등 서해안 지역 주요 거점도시를 경제개발구로 지정한 바 있다.
서해안 연결축을 조성한다면, 서해안의 항구와 배후도시를 중심으
로 산업단지를 개발하고, 북한의 경제개발구에 형성된 신규 산업단
지들을 서울과 인천공항에 연결할 수 있게 된다.

③ 서해안 산업지대 개발의 지경학적 적합성

서울과 북한 지역을 연결하는 기존 교통망 중 경원선(서울-원산)축
을 따라서 산업 벨트를 구축하는 것은 지경학적·환경적으로 부적
절하다. 경원선이 통과하는 지역은 험준한 산악 지형으로, 산업단

지 및 배후도시가 자리 잡기 어렵기 때문이다. 따라서 서울-평양을 연결하는 경의선축을 중심으로 한반도 서해안 지역의 산업지대를 발전시키는 방안이 가장 적합하다. 경원선축에는 산업단지를 배치하지 않는 대신, 서울-평양-원산을 서로 연결하는 초고속 교통망을 구축하면 이 삼각축이 네트워크 경제의 시너지를 이끌어낼 수 있다. 즉, 원산-함흥을 포함하는 중동부 광역경제권과 서울-평양 메가수도권을 공간적으로는 서로 분리하되, 이들을 연결하는 광역교통망을 통해 경제적 연계성은 높이는 것이다.

교통·통신·에너지 복합 인프라 구축

북한을 관통하게 될 새로운 교통망은 미래 한반도 비전에 적합하도록 남북한의 인프라 통합을 염두에 두고 건설해야 한다. 앞서 언급했듯이 인프라 수준이 매우 열악한 북한에 남한이 현재 보유하고 있는 인프라 수준보다 더욱 발전된 기술을 시험적으로 도입해보는 것도 가능하다. 그런 관점에서 교통·통신·에너지망을 개별적으로 구축할 것이 아니라, 복합적으로 연계하는 방안을 검토할 필요가 있다. 이를 통해 건설 비용과 유지 및 관리 비용을 절감하는 것은 물론, 미래 도시 디자인 개념에 부합하는 설계가 가능하다.

한반도를 관통하는 K자형 교통망

3장에서 살펴보았듯이, 광역경제권을 통한 한반도 성장 전략은 서울-평양 메가수도권의 남북한 협력을 우선적으로 추진하여 얻은 통합의 에너지를 다른 광역경제권으로 확산시키자는 것이다. 이를 위해서는 광역경제권 단위에서 권역 내에 있는 거점도시 간의 연결만이 아니라 광역경제권들을 서로 연결하는 것이 필요하다. 한반도 광역교통망 네트워크를 통해서 8개의 광역경제권을 효율적으로 연결하고, 이를 다시 동북아 물류망과 연계시키는 것이다. 이를 간단히 그림으로 살펴보면 한반도 전체를 관통하는 K자형 네트워크로 설명할 수 있다(146쪽 그림 참조).

메가수도권은 한반도를 K자 형태로 연결하는 광역교통망에 의해 동북아의 초국경 네트워크와 연계되는 구조를 가지고 있다. K자형 광역교통망의 4개 종점은 신의주·나진·목포·부산 등으로, 이 네 거점은 대륙 및 해양의 동북아 네트워크망과 한반도를 연결하는 관문 역할을 하게 된다. 신의주와 나진은 육상교통망을 통해 중국, 러시아의 대륙으로 연결된다. 항구도시인 부산·목포·나진은 해양 네트워크를 통해 중국, 일본, 러시아 등 동북아 국가뿐만 아니라 전 세계로 연결되는 주요 거점으로 발전할 것이다.

서울과 평양은 고속철도, 도로 등 육상교통망에 의해 동북아의 초국경 네트워크와 연계된다. 또한 해양과 직접 맞닿아 있지는 않지만 인근에 위치한 남포항과 인천항을 통해서 서해안으로의 연결이 용이하다. 중국을 비롯한 환황해 경제권의 성장으로 인해 서해안 도시의 중요성이 증대되고 있는 상황에서, 남포항·해주항·인천항은 메가수도권 경제의 핵심 거점으로 떠오르게 될 것이다.

이미 동북아 허브공항으로서 기능하고 있는 인천공항은 초고속 육상교통망을 통해 한반도 각 지역과 연결되어야 한다. 인천공항을 중심으로 반경 300km 정도의 한반도 중부 지역은 공항시설에 별도로 투자하기보다 육상교통망을 통해 인천공항과의 접근성을 강화하는 것이 보다 효율적일 것이다. 따라서 평양 순안공항은 동북아 중심 단거리 국제선과 국내선 위주로 운영하고, 장거리 국제선은 인천공항과 고속철도로 연결하여 활용하는 방안이 바람직하다.

이와 같이 지경학적 요지에 형성된 메가수도권은 한반도의 K자형 광역인프라망의 중심에 위치하여 한반도로 연결되는 모든 네트워크의 허브로 기능할 수 있는 최적지다. 이와 같은 광역교통망을 이용하면 서울에서 신의주까지 2시간 만에 이동하는 것이 가능하다. 한반도의 각 지역으로 접근하는 것이 용이한 위치이기 때문에 메가수도권의 발전된 산업 역량을 한반도 전역으로 파급시키기에도 유리하다.

철도는 한반도 신경제의 대동맥, 도로는 모세혈관

2018년 4월 27일, 판문점에서 남북 정상은 남북한 사이에 철도와 도로를 연결하겠다고 선언한 바 있다. 사실 의지만 있다면 연결은 그리 어려운 것이 아니다. 한국 경제 규모로 볼 때 철도 연결은 충분히 투자할 만한 가치가 있는 프로젝트이기 때문이다.

경의선은 이미 문산부터 개성까지 선로가 연결되어 있고,

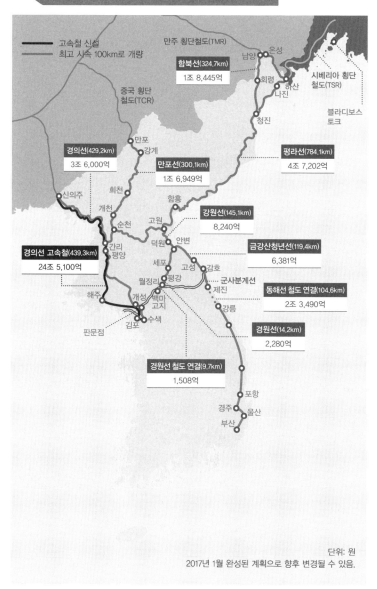

한반도 통합철도망 계획에 포함된 주요 신설·개량 노선

고속철 신설
최고 시속 100km로 개량

만주 횡단철도(TMR)

함북선(324.7km)
1조 8,445억

시베리아 횡단
철도(TSR)

블라디보스
토크

중국 횡단
철도(TCR)

경의선(429.2km)
3조 6,000억

만포선(300.1km)
1조 6,949억

평라선(784.1km)
4조 7,202억

강원선(145.1km)
8,240억

금강산청년선(119.4km)
6,381억

경의선 고속철(439.3km)
24조 5,100억

군사분계선

동해선 철도 연결(104.6km)
2조 3,490억

경원선(14.2km)
2,280억

경원선 철도 연결(9.7km)
1,508억

단위: 원
2017년 1월 완성된 계획으로 향후 변경될 수 있음.

출처 : "서울~신의주 고속철 신설 등 '한반도 통합철도망' 구상 단계", 《동아일보》, 2018.4.30.의 지도를 바탕으로 수정·보완

2007년에는 화물열차가 정기 운행된 적도 있다. 따라서 경의선 노후 선로의 개량과 보수공사만 진행되면 서울에서 평양을 지나 신의주까지 갈 수 있는 날도 멀지 않다. 동해선의 경우, 강릉에서 제진을 연결하는 104.6km 구간은 아예 선로가 없는 상태이므로 우선 남측 구간의 공사부터 시작하면 된다. 경원선은 백마고지에서 월정리까지 9.7km 구간을 연결해야 한다.

정부가 2017년 초에 마련한 '한반도 통합철도망 마스터플랜'에는 약 37조 8,000억 원을 들여 북한 내 철도 7개 노선을 개량 및 신설한다는 내용이 담겨 있다. 신의주와 서울 사이의 기존 경의선 노선과는 별개로 시속 350km의 고속철을 위한 철도 부설 계획도 포함되어 있다. 서울에서 개성, 해주, 사리원을 거쳐 평양으로 가는 노선과 해주를 거치지 않는 노선이 함께 검토되고 있다.[25]

이상준 국토연구원 부원장은 한반도 신경제 구상을 실현하기 위해서는 간선도로망의 확충이 중요하다고 강조했다. 철도가 대동맥이라면 도로는 모세혈관에 해당한다고 볼 수 있는데, 500km 정도의 거리까지는 도로의 물류 경쟁력이 더 높으므로 두 수단이 잘 조화되면 효과가 있다는 얘기다.[26] 그러나 북한에서는 철도가 주된 운송수단이기 때문에 도로 인프라가 철도보다 매우 취약하다. 향후 한반도를 관통하는 아시안 하이웨이Asian Highway와 같은 국제도로 네트워크가 연결되어야 하므로, 북한의 경제개발 초기 단계에서부터 도로 정비를 시작할 필요가 있다.

한반도 에너지망의 구축

미래에는 정보의 인터넷망뿐만 아니라 에너지 공급 체계의 글로벌 네트워크 구축이 주요 사안으로 떠오를 전망이다. 이렇게 되면 도시 및 지역별로 스마트 그리드^{Smart Grid}를 통해 효율적인 에너지 활용과 저장, 잉여 전력의 타 지역 전송 등이 가능해진다. 남북한 경제협력 과정에서 한반도가 유라시아 대륙과 연결될 경우 동북아에서도 국경을 초월한 에너지 연계망을 구축할 수 있는 것이다. 이것은 지역 단위의 스마트 그리드 개념에서 한걸음 더 나아간 것으로, 국가 간 에너지 공급 체계를 뜻한다.

예를 들어, 러시아 극동 지역은 여름에는 전기가 남아돌기 때문에 한국이 그 전력을 저렴한 비용으로 사용하게 되면 추가로 발전 설비를 구축할 필요가 없어진다. 또한 여러 나라에 있는 원자력·수력·화력발전소 중에서 이산화탄소 배출량이 적은 곳부터 발전을 해서 전력을 서로 공유하면 전체 이산화탄소 배출량도 감소시킬 수 있다. 유럽은 이미 국경을 관통하는 가스관·석유관·전력망과 같은 에너지망이 잘 갖춰져 있고, 북미·아프리카·동남아도 지역 내의 에너지망이 일부 연결되어 있다. 현재 지역 내 에너지망 연계가 전무한 곳은 오직 동북아뿐이다. 따라서 북한을 통해 중국·러시아로 연결된다면 한국과 일본을 포함한 동북아 전체가 서로 연결되는 효과가 생긴다.[27]

북한에 에너지망을 연결할 경우 다른 인프라망의 건설과 병행하여 건설 비용을 절감할 수 있을뿐만 아니라 복합 네트워크를 구

남·북·러 가스관 연결 루트

러시아
중국
두만강
어랑
단천
낙원
원산
고성
수도권
포항·울산

출처: "남·북·러 가스관 연결 사업 착공 후 3년이면 완공 가능", 《경향신문》, 2018.6.19.

축할 수도 있다. 특히 러시아에서 북한을 통과해 남한으로 들어오는 천연가스망과, 동해안을 따라 이어지는 도로축을 같이 개발하면 더욱 효과적일 것이다. 이처럼 북한 인프라 구축 계획은 각 분야별로 분리해서 생각하기보다는 철도, 도로, 가스, 전력망 등 교통·통신·에너지 인프라를 복합적으로 연계하는 것이 공사 기간 단축, 사용 부지 효용성 증대, 건설 비용 감소 등 여러 측면에서 유리하다.

2018년 6월 20일, 문재인 대통령은 남·북·러 3국의 협력이 철도, 가스, 전기 등 세 개 분야부터 빠르게 시작될 수 있다고 말했다. 러시아의 천연가스가 가스관을 통해 북한과 한국으로 공급되고, 나아가 해저관을 이용하면 일본까지 공급이 가능하다. 전기의 경우도 러시아에서 생산된 전력이 북한, 한국, 그리고 일본까지 공급될 수 있는데, 이런 협력이야말로 유라시아 대륙의 공동 번영을 촉진하는 길이 될 것이라고 말했다.[28] 가스관 연결뿐만 아니라, 동북아 슈퍼그리드를 통한 전력망의 연결까지 염두에 둔 것이다.

남북한과 러시아의 가스전을 연결하는 PNG^Pipeline Natural Gas (파이프라인 천연가스) 사업은 특히 경제성이 크다. 블라디보스토크에서 북한을 거쳐 수도권까지 가스관을 연결하면 기존의 LNG^Liquefied

Natural Gas(액화 천연가스)보다 30% 정도 저렴한 가격에 PNG를 공급할 수 있을 것으로 통일연구원은 전망했다. 가스관을 통해 운송하는 PNG는 배로 수송하는 LNG와 달리 액화·기화설비, 수송선 등 대규모 투자가 필요하지 않다. 더불어 가스 공급망이 다양해져 안정성도 확보된다. PNG를 도입한다면 북한 두만강을 지나 남한 고성군까지 이어지는 동해안 루트에 가스관을 2개 라인 이상 설치해서 1개는 수도권에 공급하고, 다른 1개는 공단이 밀집한 포항·울산 쪽으로 보내는 구상도 가능하다.[29]

북한은 중국에서 수입한 석유에 의존해왔기에 천연가스를 이용한 발전설비가 따로 없다. 따라서 북한 지역에 가스 발전소를 건설하면 북한의 전력난을 상당 부분 해소할 수 있을 것으로 예상된다. 가스관 연결 과정에서 북한의 건설 인력과 남한의 건설 장비가 결합하면 공사에 투입되는 비용과 기간 또한 효율적으로 단축할 수 있다. 한반도 에너지망이 가져올 엄청난 경제적 파급효과를 생각하면 초기 건설 비용은 충분히 감당할 만한 투자다. 현재 북한의 전력난은 산업시설 가동률을 크게 떨어뜨려 다시 경제난을 심화시키는 악순환을 일으키고 있다. 한반도 에너지망은 그 악순환을 끊고 북한 지역의 경제성장에 시동을 걸어줄 열쇠가 될 것이다.

대륙과 해양의 교차로,
주요 거점을 선점하라

현재 한국은 유라시아 대륙으로부터 단절되어 섬과 같이 고립되어 있는 지경학적 상황에 처해 있다. 하지만 남북한이 연결되는 순간 한반도는 더 이상 단절의 상징이 아닌 대륙 세력과 해양 세력이 만나는 핵심적 위치로 전환될 것이다. 실제로 한반도의 가치를 깨달은 주변국들이 이미 움직이기 시작했다.

중국과 러시아는 오래전부터 북한의 나진항에 주목했다. 동해를 통해 태평양으로 진출할 수 있는 부동항으로서 나진항은 그 전략적 가치가 매우 높다. 만약 중국과 러시아의 선박들이 나진항을 통해 동해를 거쳐 동남아시아와 태평양으로 자유롭게 드나들게 된다면, 그것은 경제적 가치 이상의 의미가 있다. 중국과 러시아의 동해 통행은 일본과 미국의 입장에서 군사·외교 측면의 매우 중요한 전략적 변화를 초래하기 때문이다. 한편, 일본은 원산과 남포의 보세 가공 수출지대를 이용해 일본 기업을 북한에 진출시키는 것에도 관심을 가지고 있다고 전해진다. 만약 북일 관계가 정상화되고 북한에 대한 일본의 전후배상금 문제가 해결된다면, 적극적인 북한 투자를 진행하게 될 것이다.

동해안 항구도시들의 전략적 가치가 높아지는 상황에서, 러시아의 블라디미르 푸틴^{Vladimir Putin} 대통령은 2013년부터 북한의 나진항과 러시아의 하산을 연결하는 철도 사업을 적극적으로 추진했다. 이제 남북 화해 분위기와 맞물려 나진-하산 프로젝트도 힘을 얻게 되었다. 북한을 통과하는 철도와 도로가 연결되면, 대륙과 해양을 연결하는 물류망의 길목에 위치한 한반도의 역할은 앞으로 더욱 증대될 것이다. 한반도는 지경학적·지정학적으로 효용성이 매우 큰 지역임에도 불구하고 그동안 그 잠재력이 제대로 발휘되지 못했다. 유라시아 대륙과 연결되는 교통망 구축과 남북한 경제협력은 한반도의 전략적 가치를 되살리는 기폭제가 될 것이다.

만약 북한 경제개발 과정에서 이러한 움직임을 놓치고 북한 주요 거점에 한국이 주도적으로 진출하지 못하게 된다면, 우리가 실익을 얻지 못하고 주변의 열강들이 한반도의 가치를 선점하게 되는 안타까운 상황이 전개될 수도 있다. 지금이 바로 북한 지역 주요 거점도시들에 대한 투자 및 경제협력 방안을 적극적으로 검토해야 할 시점인 것이다.

유라시아 대륙으로 길이 열린다

2018년 6월 7일에 한국이 드디어 국제철도협력기구^{OSJD: Organization for Cooperation of Railway}에 정회원으로 가입했다. OSJD는 유라시아 대륙의 철도 운영국 협의체로서 중국, 러시아, 북한을 포함해서 28개국이 참여하고 있다. 구소련과 동구권 국가 간의 국제철도 협약을 맺기 위해 1956년에 결성된 이 기구는 이제 유라시아 대륙의 철도 운송과 관련된 제도와 운송 협정을 마련하고 기술 분야 협력을 추진하는 활동을 하고 있다.[30]

이 기구에 정회원으로 가입해야만 철도 노선이 통과하는 여러 회원국과 개별 협정을 체결하지 않아도 운송을 할 수 있다. 하지만 한국은 그동안 북한의 반대로 인해 번번이 가입 시도가 무산되었다. OSJD의 회원국이 만장일치로 승인해야 정회원 가입이 가능하다는 규정 때문이다. 마침내 북한이 한국의 OSJD 가입을 찬성함으로써 회원국 명단에 이름을 올리게 된 것이다. 남북 간의 화해 분위기에 따른 결실 중의 하나라고 볼 수 있다.

이제 유라시아 대륙철도와 연결되기 위해서는 북한과 물리적으로 연결하는 일만 남았다. 남한과 북한이 철도·도로망으로 연결되는 것은 한반도 차원의 단순한 연결에 그치지 않는다. 휴전선 때문에 섬처럼 갇혀 있었던 남한이 실질적인 유라시아 대륙의 일부로 회복되는 것을 의미한다. 남북이 통합될 경우 한반도는 유라시아 대륙철도의 종착역이자 출발점 역할을 하게 된다. 그동안 꽉 막혀 있었던 대륙과 해양의 에너지가 한반도를 통해 소통하게 되는 것이다.

유라시아 횡단철도 현황

시베리아 횡단철도(TSR)	9,288km	블라디보스토크–하바롭스크–치타–울란우데–이르쿠츠크–노보시비르스크–옴스크–예카테린부르크–모스크바
중국 횡단철도 (TCR)	8,613km	렌윈강–정저우–란저우–우루무치–아라산커우(중)–드루즈바(카)–프레스노고르코프카(카)–자우랄리예(러) 이후 TSR과 연결
만주 횡단철도 (TMR)	7,721km	투먼–만저우리(중)–자바이칼스크(러)–카림스코예(러) 이후 TSR과 연결

출처 : "우리나라 대륙철도 길 열렸다…北협조로 국제철도협력기구 가입", 《연합뉴스》, 2018.6.7.

경의선 철도가 연결되면 서울에서 평양, 신의주를 지나 단둥丹東과 선양瀋陽을 거쳐 베이징으로 이어지는 TCR과도 연결 가능하다. 이미 중국은 2015년에 선양에서 단둥까지 고속철도를 개통했기 때문에 서울–신의주 구간에 고속철도가 연결되면 서울에서 베이징까지의 국제고속철도망이 쉽게 구축될 수 있다. 현재 중국의 베이징-상하이 고속철이 1,318km를 4시간 48분에 주파하는 것을 감안하면, 비슷한 거리인 서울-베이징 구간도 4시간대에 이동이 가능하다는 계산이 나온다.[31]

또한 중국은 창춘-훈춘 구간을 연결하는 고속철도를 2015년 9월에 개통했으며, 북·중·러 3개국의 국경을 접하고 있는 훈춘을 3국이 교류하는 핵심 거점으로 만들기 위한 계획을 실행하고 있다. 새롭게 고속철 역이 들어선 훈춘의 신도시 지역에는 빠른 속도로 관공서와 도로망, 주거단지가 건설되고 있다. 중국 변방의 작은 마을이었던 훈춘이 국제 교역의 중심으로 부상하고 있는 것이다.

한편, 나진항에는 표준궤와 광궤 방식에 모두 대응할 수 있도록 2중으로 설계된 철로가 놓여 있다. 중국과 러시아의 화물열차가 컨테이너를 옮겨 싣거나 열차의 궤를 교환할 필요 없이, 나진항 부두까지 직접 연결될 수 있도록 하기 위해 만든 것이다. TCR 및 TSR에 모두 연결되는 나진항은 유라시아 대륙 진출의 중요 거점으로 성장할 가능성이 상당히 높다.

TCR은 TMGR^Trans-Mongolia Railway을 통과하면 다시 TSR과 연결된다. TSR은 유라시아 대륙을 횡단하여 모스크바와 바르샤바, 베를린, 브뤼셀을 거쳐 파리까지 연결된다. 서울에서 기차를 타고 유럽을 여행하는 것이 현실화될 수 있다는 이야기다. 아울러 유라시아 대륙과 고속도로망으로 연결하는 아시안 하이웨이 계획에는 이미 북한을 통과하는 노선이 포함되어 있다. 아시안 하이웨이는 TSR 및 TCR과 함께 한반도가 대륙으로 진출할 수 있는 주요 교통망으로 기능하게 될 것이다.

새로운 교통망의 경제적 효과

유라시아 대륙을 연결하는 물류망이 한반도까지 연결될 경우 경제적 효과를 미리 엿볼 수 있는 사례가 있다. 삼성전자는 인천항에서 화물을 배에 실어 중국 다롄항으로 보낸 뒤, 철도를 이용해 이를 다시 러시아 깔루가 공장으로 나르는 운송 시스템을 운영 중이다. 2016년 1월부터 40ft 컨테이너 52개 분량의 화물이 이 경로로 매주 2차례씩 이동된다. 이 경로는 중국의 TMR^Trans-Manchuria Railway과 러시아의 TSR을 모두 거친다. 중국과 한국에서 생산된 LCD 디스플레이, 냉장고·세탁기 부품과 소재를 러시아와 유럽의 제조 공장

삼성전자의 철도 프로젝트 개요

출처 : "삼성전자 철도 프로젝트 개요", 《연합뉴스》, 2016.10.18

삼성전자의 시베리아 철도 운송 프로젝트

목적지	경로		기간
깔루가 (2016년 1월~)	해상운송 (기존)	한국/중국 ⋮ 해상 45일 러시아 상트페테르부르크 ⋮ 육로 5일 깔루가	50일
	철로운송 (TMR+TSR)	한국/중국 ⋮ 해상 2일 중국 다롄 ⋮ 철도 16일 깔루가	18일
동유럽 (MOU 체결 후 계획)	해상운송 (기존)	한국/중국 ⋮ 해상 28일 슬로베니아 코페르 ⋮ 철도 7일 동유럽	35일
	철로운송 (TSR)	한국/중국 ⋮ 해상 2일 러시아 블라디보스토크 ⋮ 철도 14일 벨라루스 브레스트 ⋮ 육로 2일 동유럽	18일

출처 : "삼성전자, 시베리아 횡단철도 통해 물류 운송 혁신", 《연합뉴스》, 2016.10.18.

까지 운송한 후 그곳에서 완제품으로 만들게 된다.

기존에 해상으로 운송하던 방식은 한국이나 중국에서 컨테이너를 실은 배가 동중국해, 남중국해, 인도양, 수에즈운하, 지중해, 북해 등을 거쳐 러시아 상트페테르부르크 항구까지 간 다음 다시 여기서 육로를 통해 모스크바 인근 깔루가 공장까지 이동하는 경로였기 때문에 50일 가까이 소요되었다. 이를 유라시아 철도망으로 전환하고 나서 이동 시간이 18일 정도로 단축된 것이다. 운송 비용 자체만 보면 해상운송과 비슷한 수준이지만, 시간을 단축하여 얻는 경제적 효과까지 계산하면 철도운송이 훨씬 더 유리한 셈이다.

국토연구원에 따르면 TCR로 연결되는 서해안 축선과 TSR로 연결되는 동해안 축선 모두 투자 대비 생산 유발 효과가 큰 것으로 나타났다. 서울에서 평양을 거쳐 신의주로 연결되는 서해안 축선의 경우, 고속도로 신설 및 개보수에 7조 6,658억 원, 경의선 고속철도 신설 및 현대화에 9조 465억 원이 소요되지만, 향후 10년 동안 매년 5조 1,609억 원의 경제 효과를 얻게 될 것으로 전망되었다. 또한 서울에서 원산을 거쳐 나진으로 연결되는 동해안 축선은 고속도로 신설 및 개보수에 12조 8,450억 원, 경원선 철도 현대화에 3조 640억 원이 소요되는 반면, 향후 10년간 매년 5조 7,997억 원의 경제 효과가 예상된다.[32]

북극항로가 여는 물류 혁신

유라시아 대륙횡단철도와 더불어 한국의 물류 산업 판도를 변화시킬 또 하나의 새로운 가능성이 대두되고 있는데, 바로 북극항로의 개방이다. 원래 하절기에만 이용할 수 있는 이 항로는 지구온난화로 인한 해빙이 가속화되면서 2030년경이면 1년 내내 열릴 것으로 예상된다. 북극항로의 이용은 우리나라 물류 산업에 획기적인 플러스 요인으로 작용하게 될 것으로 전망되는데, 예를 들어 부산항에서 네덜란드 로테르담항까지 갈 경우 운항 거리와 시간이 각각 7,000km, 10일이나 줄어든다. 부산항

출처 : "부산항 제3의 개항–북극항로 리포트", 《국제신문》, 2013.3.30.

에서 뉴욕으로 가는 배도 기존 파나마운하를 통과해서 갈 때와 비교해 운항 거리는 5,000km, 시간은 6일이 절감된다.

싱가포르 등 동남아시아와 인도양의 항구들이 과거 유럽과 아시아를 연결하는 중추적 물류기지로서의 역할을 했다면, 북극항로가 열릴 경우 한반도가 거점항구로서 새롭게 부상할 가능성이 높아진다. 유럽과 아시아를 연결하는 선박이 한반도 동해안을 경유할 확률이 높아지기 때문이다. 이는 부산항은 물론이고 북한 동해안 항구들에도 새로운 가능성이 열리게 됨을 의미한다. 따라서 원산과 나진 등 항구도시를 중심으로 경제특구를 개발하고, 철도·도로망과 연계한 복합 물류 거점을 구축하여 한반도의 전략적 효용성을 높이는 것이 필요하다. 이들 항구와 육상교통망을 복합적으로 연계하면 한반도의 물류 경쟁력은 세계 최고 수준으로 발돋움할 수 있을 것이다.

한반도는 동북아 경제협력의 중심

중국의 관영 매체인 《글로벌타임스》는 최근 동아시아 경제통합 및 사회 발전을 위해 '일대일로一帶一路(육·해상 실크로드)' 사업에 북한의 참여가 필요하다고 주장했다. 북한을 일대일로 사업에 포함한다면 북한 경제를 재건할 뿐만 아니라 지역 경제통합을 증진하는 데 도움이 된다고 판단한 것이다. 특히 북한의 지리적 위치가 무척 중요하기 때문에 한반도가 일대일로의 무역로에 직접 연결될 경우 동아시아의 경제통합 및 사회 발전에 좋은 기회라는 것이다.[33]

러시아는 푸틴 대통령 취임 직후부터 '신동방 정책'을 통해 시베리아의 천연자원 개발과 극동 지역의 물류 중계 기능을 연결하는 데 노력해왔다. 막대한 비용이 필요한 동시베리아 에너지자원 개발에 주변국으로부터 투자와 협력을 얻으려는 전략적 이유도 있다. 교통, 물류, 에너지, 산업 협력 등 분야에서 유라시아 대륙의 핵심적 위치로 부상하기를 원하는 러시아 입장에서 볼 때, 한반도를 관통하는 인프라의 연결은 시베리아 횡단철도의 중요성을 더욱 부각시키는 계기로 활용할 수 있다.

일본의 경우, 육로를 통해 유럽과의 직접적인 교역을 가능하게 하는 대륙횡단철도에 대한 관심은 언제나 높았다. 심지어 러시아 사할린과 홋카이도를 연결하거나 부산과 규슈를 연결하는 해저터널을 뚫어서라도 일본 본토를 유라시아 대륙과 직접 연결하려는 구상이 나오기까지 했다. 이렇듯 모든 국가의 이권이 달려 있는 대륙횡단철도는 동북아시아 지역의 발전에 상당한 영향력을 끼칠

남북한 철도 연결을 통해, 그동안 섬처럼 고립되었던 한반도는 거대 유라시아 대륙의 시발점이 됨으로써 동북아 교통과 물류, 경제의 새로운 허브로 재탄생할 수 있다.

수 있다.

    남과 북을 잇는 경의선은 중국으로 이어지는 대륙횡단철도의 완성을 의미하므로 한국이 유라시아 대륙과 하나의 철도권으로 연결되는 거대한 그림을 그려볼 수 있다. 경의선 연결을 시작으로 한반도의 철도가 중국과 러시아로 각각 이어지고 다시 유럽으로까지 뻗어나가게 되는 것이다. 한국의 입장에서 대륙횡단철도와의 연결은 경제 운용의 시야가 태평양 중심으로부터 유라시아 대륙으로까지 확장되는 엄청난 기회를 의미한다.

이것이 한국 경제에 주는 혜택은 실로 무궁무진하다. 경제적인 측면에서 보자면 한반도에 큰 활로가 될 수 있는 대륙경제 시대가 열리는 것이다. 유럽 대륙과 동북아시아 지역을 잇는 대륙횡단철도는 중국, EU 등과의 교역 비중이 큰 한국의 물류 비용과 시간을 획기적으로 절감하고 단축시킴으로써 공급망 체계의 효율성을 급격히 높여준다. 이로 인해 동북아 지역과 유럽 대륙 국가들과의 교역도 더욱 증가하게 될 것이다. 특히 현재 그 비중이 높지 않은 러시아 및 동구권 국가들과의 교역은 철도 연결을 기회로 더욱 크게 늘어날 것으로 보인다. 한국 수출선의 다변화에 직접적인 도움이 되는 것은 물론이다.

남북한의 철도가 연결되면 한반도를 중심으로 동북아 국가들의 교류가 활발해지고, 더 나아가 유럽과 태평양권 국가들을 연결시키는 통로가 될 수 있다. 한반도가 동북아 경제권의 허브 역할을 담당하고 세계적으로 영향력을 강화시켜나갈 수 있는 기회를 갖게 되는 것이다. 한국의 입장에서는 단순히 물류 효율화의 이점만이 아니라 성장 잠재력이 상당한 중국의 동북 3성과 몽골, 러시아 등 극동 지역과의 긴밀한 연계를 강화할 수 있다는 측면에서 한반도의 경제적 영토 확장이라는 보다 중요한 의미를 가지고 있다.

동북아의 중심에 위치한 한반도는 환황해 경제권과 환동해 경제권을 동서 양측에 가지고 있다. 환황해 경제권은 중국 동부 지역의 핵심 경제권과 한반도 서부 지역을 포괄하는 인구 약 5억 명, 총 GDP 1.4조 달러의 시장이다. 환동해 경제권은 일본과 남한의 동부 지역, 러시아 연해주 지역을 포함하는 인구 약 1.4억 명, 총 GDP

5.6조 달러의 시장이다. 이처럼 한반도는 동북아 경제권의 핵심 거점으로서, 전략적 관문 기능을 수행하기에 적합한 지경학적 조건을 갖추고 있다. 따라서 북한을 관통하는 유라시아 진출 교통망이 연결되면 동북아의 교통·물류망 체계는 한반도를 중심으로 재편될 것이다.[34] 대륙과 해양을 연결하는 전략적 관문 기능을 최대한 활용하기만 한다면 한반도는 동북아 경제협력의 중심으로 부상할 수 있는 충분한 잠재력을 가지고 있다.

PART 3.

....

새로운 미래 도시
모델

5장

스마트시티
벨트 구상

경제특구 · 개발구는
광역경제권의 '씨앗'

경제특구는 국토 전체에 비하면 매우 작은 영역으로서 일반 주민의 접근이 통제되거나 제한되는 공간이다. 즉, 어떤 의미에서는 사회주의 체제 국가 내에서 시장경제 시스템이 시범적으로 운영되는 영역이라고 볼 수 있다. 이러한 '점'들이 많아지고 성장하면서 네트워크 인프라를 통해 서로 연결되면 '선'으로 발전된다. 또한 그 영역을 점점 확대해서 점과 선의 연계 수준이 높아지면 '면'이라고 볼 수 있는 광역경제권이 형성될 것이다. 따라서 경제특구는 미래에 광역경제권으로 성장할 수 있는 '씨앗'의 역할을 한다.

싱가포르 모델을 도입한 중국 쑤저우 사례

북한 경제특구의 미래 비전을 조망하기에 좋은 사례로 중국 쑤저우蘇州 공업원구의 경우를 들 수 있다. 1994년에 조성된 쑤저우 공업원구는 당시 중국의 최고지도자였던 덩샤오핑의 결단에 따라 싱가포르와 합작하여 만든 일종의 경제특구다. 싱가포르는 자국 기업을 위한 해외 공단이 필요했고, 중국은 해외투자 유치에 성공한 싱가포르의 경험을 배우고자 했기 때문에 양국 모두에게 좋은 기회였다. 쑤저우 공업원구는 중국 정부의 지원을 바탕으로 도시계획부터 기반시설, 물류 시스템, 인력 채용 및 급여, 사회보험제도까지 모두 싱가포르 방식과 시스템을 그대로 도입했다.

싱가포르의 선진 시스템을 도입한 경제특구는 매우 성공적이었다. 쑤저우 공업원구의 전체 면적은 $288km^2$이며, 1만 3,000여 개의 중국 기업 및 5,000개가 넘는 외국 기업이 이곳에 입주해 있다. 공단 설립 이후 450억 달러가 넘는 외자를 유치했으며, 상주인구의 1인당 GDP는 3만 5,000 달러를 기록했다. 이러한 성공의 배경에는 중국 정부의 강한 의지와 전폭적인 지원이 자리한다. 투자 기업의 입장을 최대한 배려하는 행정 시스템, 입주 기업 임직원의 생활·교육 문제까지 지원하는 서비스, 공업원구 내에 위치한 세관을 통한 신속한 통관절차 등이 대표적인 지원 정책이다. 또한 공단 운영의 실무를 맡고 있는 관리위원회가 투자 유치, 비준, 해외투자자 비자 발급 등 주요 사항에 대한 독자결정권을 가지고 있어 효율적인 의사 결정과 업무 추진이 가능했다.

쑤저우 모델이 남북한 경제협력에 시사하는 바는 실로 크다. 특히, 사회주의 국가와 자본주의 국가 간 합작으로 만들어낸 성공 사례라는 점에서 개성공단의 벤치마킹 대상이 된다. 쑤저우의 경우,

중국과 싱가포르 양국의 부총리를 수장으로 하는 정부 간 협의체를 통해 공단 운영 문제를 결정하고, 하부 기관인 관리위원회가 결정 사항을 집행하는 구조다. 2013년 8월, 남한과 북한은 개성공단 정상화를 위해 양국 간 상설 협의 기구인 '개성공단 남북공동위원회'를 설치하기로 합의했다. 이는 쑤저우 공업원구의 사례를 참고로 한 것인데, 실제로 개성공단의 남북한 관계자들도 2004년, 2009년 등 수차례에 걸쳐 쑤저우를 방문한 바 있다.[1] 앞으로 쑤저우 모델이 개성공단뿐만 아니라 북한 전역의 경제특구로 확산되어, 한반도 광역경제권으로 성장할 수 있는 '씨앗'의 역할을 하게 되기를 기대해본다.

북한의 5대 중앙급 경제특구

북한은 1991년 나진·선봉 자유경제무역지대 지정을 시작으로 2010년까지 5개 지역의 중앙급 경제특구를 지정했는데, 모두 평양에서 멀리 떨어져 있는 곳이었다. 그러나 2013년 이후 발표된 22개의 경제개발구 중 7개는 평양 주변 지역에 배치되었다. 경제개발구는 비교적 중소규모로, 입지와 규모 면에서 기존의 경제특구와는 접근 방식이 다르다는 것을 알 수 있다. 경제특구는 1991년 나진·선봉 지역을 자유경제무역지대로 지정한 것을 시작으로, 2002년에는 신의주 특별행정구역, 금강산 관광지구, 개성 공업지구 등이 잇따라 지정되었다. 2010년에는 황금평·위화도 경제무역지대 계획을 발표함으로써 모두 5개 지역의 중앙급 경제특구가 공식적으로 탄생했다.

나진·선봉 경제특구는 1991년 12월에 지정한 개방특구이며, 동북아시아의 국제적인 무역·금융·관광기지를 목표로 하는 경제무역지대다. 중국·러시아·북한의 3각 무역이 가능한 국경지대이며 중국이 북한을 통하여 동해로 무역을 할 수 있는 지리적 요충지라는 점에서 유리한 입지를 갖고 있다. 한때 투자 유치 부진으로 어려움을 겪기도 했으나 2010년 이후 중국의 창지투(창춘-지린-투먼) 개발계획과 맞물려 북한의 나진항이 주목받게 되면서 다시 활기를 띠고 있다.

신의주 지역에는 2개의 경제특구가 있는데 모두 북한과 중국 간의 협력을 바탕으로 한다. 2002년 9월 신의주 특별행정구역이 지정되었으나, 특구의 초대 행정장관인 양빈이 탈세 혐의로 중국 측에 구속됨으로써 2004년 특구 지정이 폐지되었다. 그러다가 2010년 신의주 인근 압록강 유역에 황금평·위화도 경제무역지대 계획이 발표되는 등 추진 과정에서 변화가 있었다. 2014년 7월에는 '신의주 국제경제지대'를 지정하고 다시 개발을 추진하고 있다.

금강산 관광특구는 2010년 한국인 관광객 피살 사건 발생 이후 남북한의 협력 운영이 중단된 상태다. 이후 2014년 6월에 북한이 원산을 포함한 원산·금강산 국제관광지대 개발계획을 자체적으로 만들어 발표했다. 계획안에는 원산 지구, 마식령 스키장, 울림폭포, 석왕사, 통천 지구, 금강산 지구 등을 연계하여 개발하는 것으로 설명되어 있다. 특히 대규모 관광 리조트가 포함된 원산·갈마 해안관광지구를 건설 중인데, 김정은 위원장이 이 지역을 직접 시찰하는 등 큰 관심을 보이고 있으며 2019년 4월까지 완공을 목표로 진행되고 있다.

개성 공업지구는 남북한 협력을 바탕으로 추진된 유일한 공업

북한의 5대 중앙급 경제특구

5대 경제특구	진행 현황	해당 광역경제권 (연계 대상 거점)
나진·선봉 경제무역지대	1991년 12월 나진·선봉 자유경제무역지대 지정 2010년 1월 특수경제지대 지정 및 특별시 승격 2011년 6월 나진·선봉 특구 공동 개발 착공식	두만강―청진― 나진 벨트 (온성섬·경원·훈춘· 하산·어랑)
신의주 국제경제지대	2002년 9월 신의주 특별행정구역 지정 2004년 신의주 특별행정구역 폐지 2013년 11월 신의주 특수경제지대 개발 발표 2014년 7월 신의주 국제경제지대 지정	신의주―단둥― 압록강 벨트 (단둥·청수·위원· 만포·지안)
황금평·위화도 경제지대	2010년 황금평·위화도 경제무역지대 계획 발표 2011년 황금평·위화도 복합경제지대법 제정 2011년 6월 황금평·위화도 공동 개발 착공식	신의주―단둥― 압록강 벨트 (단둥·청수·위원· 만포·지안)
원산·금강산 국제관광지대	1998년 11월 현대그룹 금강산 관광 시작 2002년 10월 금강산관광지구 특별행정구역 지정 2010년 금강산 한국인 관광객 피살 사건으로 운영 중단 2014년 6월 원산·금강산 국제관광지대 개발 발표	원산―금강산― 양양 벨트 (신평·현동·속초· 강릉·평창)
개성 공업지구	2000년 8월 공업지구 개발에 관한 합의서 체결 2003년 6월 개성공단 착공 2013년 4월 공단 가동 중단 및 재가동(9월) 2016년 2월 개성공단 전면 중단	해주―개성― 인천 벨트 (강령·강화·김포· 파주·서울)

지구다. 2003년 착공 이후 남북한 산업 협력의 상징으로서 큰 역할을 했다. 2013년에는 수개월 동안 공단 가동이 중단되었다가 재가동하는 우여곡절을 겪기도 했다. 그러다가 2016년 1월 북한의 4차 핵실험 직후 한국 측의 철수로 인해 가동이 전면 중단되었다. 남북한의 교류 협력이 재개된다면 가장 먼저 재개해야 할 사업 중 하나다.

장기적으로 볼 때, 이와 같은 북한의 5대 경제특구는 한반도 광역경제권 개발 전략에 포함하여 발전시켜나가는 것이 바람직하다(한반도 8대 광역경제권 관련 내용은 213쪽 그림 참조). 한반도 광역경제권 중, 북한 지역의 4개 광역경제권이 기존의 북한 경제특구 하나씩을 이미 포함하고 있다. 따라서 이들 경제특구를 경제성장의 '씨앗'으로 삼아 주변의 거점도시들로 개발 효과를 파급시켜야 한다. 이는 결국 광역경제권 단위의 개발과 발전으로 이어질 것이다. 따라서 북한이 지정한 기존의 경제특구가 미래 한반도 광역경제권의 주요 거점도시로 기능할 수 있도록 남북한이 함께 계획을 수립해나가야 할 것이다.

북한의 22개 경제개발구 지정 현황

북한은 '국가경제개발 10개년 전략계획'을 세우고, 이를 수행하기 위해 2011년에 설립했던 국가경제개발총국을 2013년에 '국가경제개발위원회'로 승격시켰다. 또한 산하기관으로 민간단체인 '조선경

경제특구

	신의주 국제경제지대
면적	132km²
지정일	2002년 9월
유형	홍콩식 특별행정구
주요 기능	금융, 무역, 상업, 공업, 첨단 과학, 오락, 관광지구 개발
자치권	입법, 행정, 사법
토지 임차 기간	50년

온성섬
경원
무봉
나선
청진
혜산
어랑
만포
위원
압록강   청수
북청
황금평   흥남
위화도   신의주
청남   숙천
현동
은정
강남   신평   금강산
와우도
진도   송림
개성
강령

나진·선봉 경제무역지대

약 470km²

1991년 12월

경제무역지대

첨단 기술산업, 국제 물류업, 장비 제조업, 무역 및 중계 수송, 수출 가공, 금융, 서비스

행정

50년

원산·금강산 국제관광지대

약 100km²

2002년 11월

관광특구

국제 관광지

독자적 지도·관리

50년

황금평·위화도 경제지대

23km²

2010년

경제무역지대

정보, 관광 문화, 현대 농업, 경농업

행정

50년

개성 공업지구

66km²

2002년 11월

공업단지

공업, 무역, 상업, 금융, 관광지 개발

독자적 지도·관리

50년

제개발협회'를 출범시켰으며, 기존에 지정되었던 5대 경제특구와는 별도로 '지방급 경제개발구'를 추가 발표했다. 앞으로 이 기관들을 통해 특구를 위한 외자 유치 및 개발 사업을 추진할 것으로 예상된다.

북한이 추진 중인 지방급 경제개발구는 각 시·도별로 고르게 분포되어 있다. 13개의 지방급 경제개발구는 2013년 11월 최고인민회의 상임위원회 정령으로 공식 발표되었으며, 2014년 7월에는 6개의 경제개발구가 추가로 지정되었다. 그리고 2015년 무봉 국제관광특구와 경원 경제개발구를 지정했고, 2017년에는 평양시에 강남 경제개발구를 지정했다. 이로써 북한의 경제개발구는 모두 22개로 추정된다.

경제개발구는 각 지역별 특성에 맞게 경제개발구, 공업개발구, 농업개발구, 관광개발구, 수출개발구 등으로 지정되어 있다. 북한이 발표한 '경제개발구 투자 제안서'에 따르면 50년 동안 토지를 임대하여 이용권을 부여하고, 소규모(7,000만~2억 4,000만 달러)의 합작 또는 외국 기업의 단독 개발을 허용하며, 경제특구에 준하는 우대 조치(기업소득세 14%, 특혜관세)를 실시하는 것으로 알려졌다. 경제개발구의 개별 면적은 1.5~8km² 수준으로, 개성공단(66km²)이나 황금평·위화도(23km²)와 같은 경제특구에 비해서는 훨씬 작은 규모다.

지방급 경제개발구 계획에는 각 지역별 특성에 따라 추진 대상 주력 사업이 구체적으로 명시되어 있다. 농업개발구는 농축산기지, 농업과학연구단지, 과일 가공, 농축산업 등을 주력 사업으로 하며

광역경제권별 북한의 5대 경제특구 및 22개 경제개발구 현황

광역경제권	행정구역	경제특구·개발구	주요 특성
신의주-단동-압록강 (6)	평안북도	**신의주 국제경제지대***	제조, 물류, 무역, 금융, 관광
		황금평 · 위화도 경제지대*	정보, 관광 문화, 현대 농업, 경공업
		압록강 경제개발구	현대 농업, 관광 휴양, 무역, 경공업
		청수 관광개발구	온천, 호수, 약초, 식물, 관광 휴양
	자강도	위원 공업개발구	광물자원, 목재, 농토산물 가공
		만포 경제개발구	농업, 관광, 휴양, 무역
평양-남포-숙천(7)	평양직할시	은정 첨단기술개발구	IT 첨단 기술 산업단지
		강남 경제개발구	첨단 신도시, 대동강 물류 활용
	남포특별시	와우도 수출가공구	수출지향형 가공 조립
		진도 수출가공구	조선, 철강, 유리, 기존 산업
	평안남도	청남 공업개발구	광물자원, 화학공업
		숙천 농업개발구	농축산기지, 농업과학연구단지
	황해북도	송림 수출가공구	수출 가공, 창고 보관, 화물 운송
해주-개성-인천 (2)	황해북도	**개성 공업지구***	공업, 무역, 상업, 금융, 관광 개발
	황해남도	강령 국제녹색시범지대	관광, 금융, 과학, 농업, 무역
두만강-나진-청진 (5)	나선특별시	**나진 · 선봉 경제무역지대***	첨단 기술, 물류, 무역, 수출 가공
	함경북도	온성섬 관광개발구	관광 개발, 골프장, 수영장, 경마장
		경원 경제개발구	북-중 경제 교류, 관광
		청진 경제개발구	금속 가공, 기계 제작, 건재 생산
		어랑 농업개발구	농축산기지, 농업과학연구단지
백두산-단천-흥남 (4)	양강도	무봉 국제관광특구	휴양 및 레저시설, 백두산 관광
		혜산 경제개발구	수출 가공, 현대 농업, 관광 휴양
	함경남도	북청 농업개발구	과수 · 과일 종합 가공, 축산업
		흥남 공업개발구	보세가공, 화학, 건재, 기계설비
원산-금강산-양양 (3)	강원도	**원산 · 금강산 국제관광지대***	휴양 및 레저 시설, 금강산 관광
		현동 공업개발구	정보 산업, 경공업
	황해북도	신평 관광개발구	유람, 탐승, 휴양, 체육, 오락
합계 (27)		중앙급 경제특구(5) + 경제개발구(22)	

* : 중앙급 경제특구

공업개발구는 광물자원·목재·농토산물 가공, 경공업, 화학제품, 기계설비, 정보 산업 등을 주력 사업으로 한다. 또한 수출 가공·창고 보관·화물 운송을 위한 수출가공구, 관광·휴양·체육·오락을 위한 관광개발구, 다양한 산업 분야가 복합적으로 포함된 경제개발구 등으로 구별되어 있다.

북한의 경제특구 개발 계획은 향후 남북한 경제협력을 어떠한 방향으로 추진하면 좋을 것인가에 대한 힌트를 제공한다. 중앙급 경제특구 및 경제개발구별로 특화된 산업들을 서로 연계하여 광역경제권 차원에서 살펴보면, 해당 광역경제권의 미래 산업구조와 경제개발의 방향을 가늠해볼 수 있다.

앞의 지도에는 북한 지역의 중앙급 경제특구 및 지방급 경제개발구의 위치를 함께 표시했다. 비록 지금은 각 경제특구·개발구들이 분절적으로 분포되어 있으나, 향후 남북한 경제협력과 경제특구 발전이 진행되면 광역경제권별로 경제특구와 거점도시들을 연계하는 네트워크 경제가 활성화될 수 있을 것이다.

한반도
8대 광역경제권

앞서 언급했듯이, 이제 글로벌 경쟁 단위의 패러다임은 '국가'에서 '지역'으로 전환되고 있다. 미래 한반도 성장 전략의 핵심은 한반도 전체 지역을 광역경제권으로 나누어 인접 도시 간의 상호보완적 협력과 시너지를 활용하는 것이다. 각 광역경제권은 지경학적 특성에 따라 발전 전략을 수립하고 주변 국가와 우선적인 협력을 통해 경제성장을 추진하게 된다. 또한 지역 특성에 맞춰 다양한 형태의 산업을 수용하게 될 것이다.

중소도시 규모의 스마트시티가 서로 연결된 '스마트시티 벨트'를 한반도의 광역경제권 모델로 육성할 것을 제안한다. 스마트시티 벨트에서는 지식 기반 산업이나 4차 산업뿐만 아니라, 기존 산업을 '지능화'하여 만들어낼 수 있는 다양한 산업군도 육성 대상이다. 따라서 거의 모든 산업 분야와 중소도시들이 스마트시티 벨트로 융합될 수 있다.

스마트시티 벨트를 구성할 때에는 북한의 경제특구·개발구를 우선적으로 고려해야 한다. 특히 북한의 경제개발구는 대부분 1.5~8km² 수준으로 소규모다. 이처럼 작은 면적을 가진 경제개발구를 제한적으로 개발해서는 집적 경제의 효과를 발휘하기 어렵다. 경제개발구 구상을 제대로 실현하려면 소규모 경제개발구를 확대하여 클러스터를 만들고, 다시 이와 같은 클러스터 몇 개를 서로 연결하여 산업벨트를 형성해야 한다. 즉, 경제개발구를 '씨앗'으로 삼아 관련 산업 분야의 기업, 대학, 연구소가 집중되어 있는 스마트시티를 만들고, 이들을 연계한 스마트시티 벨트를 구축하는 것이다.

하나의 산업 벨트 내에서는 서로 다른 기능을 가진 여러 개의 클러스터들이 네트워크 경제를 구축하여 상호보완적으로 협력하게 된다. 예를 들어, 북한은 각 지역별 특성에 따라 공업개발구, 농업개발구, 관광개발구 등 경제개발구의 기능을 분류해놓았다. 이러한 씨앗이 성장하면 다양한 산업 분야별로 특성화된 클러스터가 형성될 것이다. 각기 특성이 서로 다른 여러 개의 클러스터가 하나의 벨트 안에서 네트워크로 연결되도록 구성하는 것이다. 서로 산업적 특성이 다른 경제개발구들은 스마트시티 벨트 안에서 산업 간 융합을 시도해볼 수 있는 기회를 갖게 될 것이다.

한반도 광역경제권, 즉 스마트시티 벨트를 구성하는 데 있어서 우선적으로 고려해야 할 점을 정리하면 다음과 같다.

첫째, 북한이 제안한 경제특구·개발구와 연계한다

북한은 자체적인 연구와 분석 결과를 바탕으로 자국의 현재 상황을 고려하여 5대 경제특구와 22개 경제개발구 계획을 설정했다. 따라서 이 계획에 대해 우선 긍정적으로 검토하고, 가능한 해당 지역을 스마트시티 벨트의 중요 거점도시 목록에 포함시키도록 한다. 다시 말해, 북한의 경제특구·개발구를 스마트시티 벨트의 '씨앗'으로 삼는 것이다. 북한이 제안한 경제개발구를 스마트시티로 개발하는 것의 적합 여부는 향후 남북한의 교류와 협력이 확대되면서 별도로 검증받게 될 것이다. 필요에 따라서는 경제개발구의 영역을 확대하거나, 새로운 지역을 경제특구로 지정하는 방안도 추진해야 할 것이다.

둘째, 거점항만을 중심으로 해양 네트워크를 구축한다

한반도의 지경학적 특성상 해안도시와 항만의 중요성이 점점 더 커지고 있다. 정부가 추진하는 한반도 신경제 구상에서도 환동해 경제협력 벨트와 환황해 경제협력 벨트가 큰 축을 이룬다. 북한이 제시한 경제개발구도 대부분이 동해안이나 서해안, 또는 압록강이나 두만강 주변의 접경 지역에 위치해 있다. 스마트시티 벨트에서는 최소한 한 개 이상의 거점항만을 선정하여 광역경제권 차원의 해양 네트워크 구축을 추진하도록 한다.

셋째, 철도·도로·에너지 복합 물류 네트워크를 구성한다

대륙과 해양의 접점에 위치한 한반도가 물류의 중심으로 제대로 기능하려면, 각 스마트시티 벨트가 복합 물류 네트워크의 중심적 역할을 하는 허브도시를 가지고 있어야 한다. 이 허브도시는 철도, 도로, 에너지 등의 인프라와 공항·항만을 효율적으로 연계시켜서 물류 및 교통의 중심으로 기능하게 만든다. 여기에 스마트 항만, 스마트 도로·철도, 자율주행차·선박·드론 등 첨단 물류·교통 시스템의 적용을 검토할 필요가 있다.

한반도 광역경제권은 왜 벨트 형태인가

한반도는 해양 국가다. 국토의 거의 모든 도시에서 한두 시간 정도만 이동하면 바닷가에 닿을 수 있다. 중국이나 미국과 같이 거대한 나라와 비교해보면 한반도의 도시들은 사실상 모두 '해안도시'라고 해도 과언이 아니다. 교통망이 발전함에 따라 주변 도시에서 해안으로의 접근 역시 더욱 편리해지고 있다.

한반도의 지형을 살펴보면 남북한이 산악 국가라는 것을 알 수 있다. 특히 북한 지역에는 산악 지형이 많다. 인구 대부분이 집약되어 있는 곳은 서해안의 일부 평야지대 도시나 동해안의 항만 주변 해안도시다. 북한에서 발표한 경제특구나 경제개발구도 해안에 인접에 있거나 두만강·압록강변에 위치해 있다.

이와 같은 한반도의 지형과 인구 분포를 감안하면, 한반도의 광역경제권은 해안을 따라 벨트 형태로 형성될 수밖에 없는 조건이다. 평야지대로 이루어진 국가에서는 사방이 넓게 펼쳐진 형태로 광역경제권이 형성될 가능성이 높지만, 한반도에서는 해안이나 강을 따라서 길이가 길고 폭이 좁은 벨트 형태로 형성되는 것이 자연스럽다.

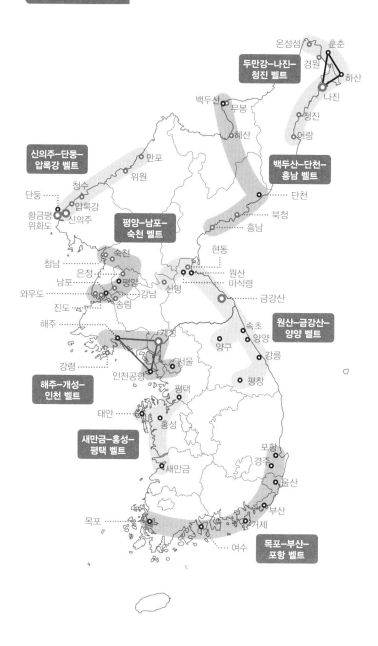

한반도 8대 광역경제권

두만강-나진-
청진 벨트

온성섬 훈춘
경원 하산
나진
청진
어랑

백두산 무봉
혜산

신의주-단둥-
압록강 벨트

백두산-단천-
흥남 벨트

만포
위원
청수
단둥
황금평 압록강
위화도 신의주

평양-남포-
숙천 벨트

단천
북청
흥남

숙천
청남 은정
남포 평양 강남
와우도 송림
진도
해주 강남 산평

현동
원산
마식령
금강산

원산-금강산-
양양 벨트

개성 속초 양양
서울 양구 강릉
인천공항 강령

해주-개성-
인천 벨트

평택

평창

새만금-홍성-
평택 벨트

태안
홍성

포항
경주

새만금 울산

목포 거제
부산

여수

목포-부산-
포항 벨트

이제 한반도의 주요 항구는 해양 세력이 유라시아 대륙에 접속할 수 있는 교두보의 역할을 하게 될 것이다. 따라서 항만시설의 확충과 함께 해안도시를 개발하는 것이 중요하다. 중심항만을 보유하거나 항만에 인접해 있는 해안도시들을 철도·도로·에너지망으로 연계하여 복합 물류 허브로서 기능할 수 있도록 해야 한다. 각각의 스마트시티 벨트는 이러한 기능을 담당하는 항만을 하나 이상 보유해야 한다.

항만을 중심으로 산업단지가 배치되면 생산과 물류를 보다 원활히 연결할 수 있다. 북한이 발표한 27개의 경제특구·개발구는 이미 인근에 위치한 항만과의 효율적인 네트워크 구축을 염두에 둔 것으로 보인다. 남포항과 같은 중심항만의 경우, 북한은 이미 남포항 인근에 있는 3개의 수출가공구를 경제개발구로 지정한 바 있다. 항만의 물류 기능을 활용한 수출용 생산기지로 개발하겠다는 의지를 반영한 것이다.

남포항 주변 지역은 보세구역으로 지정해서 생산된 제품에 대한 세제 혜택을 통한 인센티브를 부여할 필요가 있다. 해외에서 수입한 원자재를 수출가공구에서 완제품이나 중간제품으로 가공한 뒤 다시 수출할 경우, 이 지역에서 생산된 제품을 남한이나 북한 지역에 공급할 경우 등 다각적인 생산방식에 대해 검토해야 한다. 특히 북한산 제품의 해외시장 진출이 필요할 경우 기존에 체결된 자유무역협정도 보완해야 할 것이다.

개성공단의 경우, 한국이 타국과 FTA를 체결할 때 원산지 규정을 마련함으로써 우리 기업이 생산한 제품의 수출 활로를 열어놓았다. 앞으로는 북한이 직접 WTO에 가입해서 국제사회에서 요구하는 협약을 통해 관세 혜택을 받을 수 있도록 적극 노력해야 할 것이다.

8대 광역경제권의 개요

한반도 전체를 8개의 광역경제권으로 구성해보면 다음과 같다. 각각의 벨트는 반드시 하나 이상의 항만을 보유하고 있으며, 항만·철도·도로망을 연계시키는 거점도시를 중심으로 구성되어 있다. 또한 지경학적 특성에 따라 벨트 형태로 배치되어 있다. 스마트시티 벨트에서는 지역별 특성에 따라 핵심 산업 분야가 정해지며, 북한 경제 특구 및 경제개발구와 연계하여 발전하는 방안을 추진하게 된다.

① 신의주-단둥-압록강 벨트

산업 잠재력	• 북·중 변경 무역, 경제특구·개발구 활용 임가공 산업 • 압록강변 관광자원 및 접경 지역 명소 활용 관광 산업
물류·교통 인프라	• 항만·도로·철도를 연계한 복합 물류 허브로 육성 • 중국 단둥 동항(東港) 활용, TCR과 경의선, 아시안 하이웨이 연결
거점도시 및 경제특구·개발구	• 신의주, 황금평·위화도, 압록강, 청수, 위원, 만포
추진 방향	• 경의선과 중국 TCR이 만나는 단둥·신의주를 핵심 거점으로 개발, 남북한과 중국이 함께 참여하는 복합 물류기지 및 국제 자유무역지대 육성, 신의주 경제특구와 단둥을 연계한 첨단 ICT 부품 산업단지 구축 • 서울-신의주 고속철 건설로 한반도 전역을 1일 생활권으로 전환, 新경의선 고속도로 건설로 아시안 하이웨이 H1(부산-베이징-터키) 구간 완성

주요 프로젝트	• 유라시아 대륙과 한반도를 연결하는 네트워크 인프라 구축 – 단둥–신의주–평양을 잇는 경의선 고속철도 및 고속도로 건설 – 동북아 철도(TCR, TSR) 및 아시안 하이웨이와 직접 연결 • 북·중 접경 지역 신도시 및 경제특구, 국제 관광 프로그램 개발 – 신의주 지역 경제특구 개발을 위한 중국과 협력 – 압록강 유역 접경 지역의 경제개발구 및 관광 프로그램 개발 – 신의주–안주를 연결하는 첨단 섬유·장비 제조 산업 벨트 조성

② 평양–남포–숙천 벨트

산업 잠재력	• 우수 인재를 활용한 첨단 기술 산업(CG 콘텐츠, SW, 암호화, 기초 과학기술) • 차량 부품 제조, 자율주행차 테스트베드 등 자동차 관련 산업 • 남포항 인근 경제개발구를 활용한 수출용 임가공 산업
물류·교통 인프라	• 경의선과 평라선 철도, 남포–평양–원산 고속도로가 지나는 교통의 요지
거점도시 및 경제특구·개발구	• 강남, 은정, 와우도, 진도, 송림, 숙천, 청남
추진 방향	• 남북한 협력을 통한 지식 산업 및 4차 산업 분야의 협력 추진, 북한의 인재를 활용하여 남한 기업 및 연구소와 첨단 기술 분야 협업 • 평양·남포 인근 경제개발구와 남한 수도권의 상호보완적 산업 협력 추진, 외곽 지역에는 소비재, 식료품 등 경공업 위주로 배후 산업단지 조성
주요 프로젝트	• 경제개발구 및 수출가공구를 활용한 남북한 산업 협력 – 강남 경제개발구, 은정 첨단기술개발구 중심 첨단 산업 남북 협력 추진 – ICT 제조 분야 남북한 협력, 자동차 부품 제조·조립 공정 분업 – 남한의 디자인·R&D·마케팅과 북한의 제조 공정이 협업하는 경공업 분업 • 남북한 문화·관광·교육 산업 연계 – 개성·평양의 고려 시대와 서울의 조선 시대를 연결하는 문화 관광 루트 – 평양 도시, 묘향산 등 특색 있는 자연자원과 도시를 결합한 관광 산업 – 남북한 교육·연구기관 교류를 통한 미래 한반도 교육 프로그램 개발

③ 해주–개성–인천 벨트

산업 잠재력	• 북한의 자원·노동과 남한의 디자인·R&D·마케팅·기획을 접목한 경공업 협업 • 해주·개성을 제조 거점으로 인천공항 물류망 활용, 글로벌 시장 수출 산업
물류·교통 인프라	• 新경의선 철도·도로망 구축 • 인천공항과 북한의 거점도시를 직접 연결
거점도시 및 경제특구·개발구	• 개성, 강령, 연안, 김포, 강화, 파주, 인천, 서울
추진 방향	• 남북한 수도권의 핵심 거점인 해주–개성–인천을 연결하는 삼각벨트 협력, 중국 웨이하이, 칭다오 등을 연결하는 서해안 항만도시 간 해양 네트워크 구축 • 한강 하구 남북한 지역을 연결하는 교량 건설을 통해 남북한 산업 협력의 중심지대로 육성, 김포·강화도·교동도와 황해남도 개풍·연안 연결
주요 프로젝트	• 개성공단 재개 및 해주 경제특구 공동 개발 　–개성공단 2단계 추진, 해주에 개성공단 모델을 적용한 경제특구 개발 　–서해안 평화 경제지대 조성을 통한 남북한 협력, 중국 선전 모델 적용 • 新경의선 고속철도 건설 및 남·북·중 복합 물류 네트워크 구축 　–개성·해주–평양–신의주를 연결하는 新경의선 구간 고속철도 건설 　–인천항·해주항과 중국 항만도시 연계를 통해 해상 물류망 구축 • 강령 국제녹색시범지대를 친환경 해양·농생명단지로 육성 　–해안 및 평야지대의 자연자원을 활용한 스마트팜 조성 　–남북한의 산·관·학(産官學) 협력을 통해 연구단지로 육성

④ 새만금–홍성–평택 벨트

산업 잠재력	• 전통 농업에 ICT 기술을 도입하여 새만금 스마트팜 클러스터 육성 • 스마트 항만 개발, 자동차·조선·반도체·바이오·관광·해양식품 산업 육성
물류·교통 인프라	• 제2 서해안 고속도로 건설 • 평택항 개발로 중국과의 무역 확대
거점도시 및 경제특구·개발구	• 평택, 홍성, 태안, 새만금, 서산, 당진, 보령, 부안

추진 방향	• 남북한 협력 및 환황해 경제 벨트와의 연계를 고려한 개발 추진 • 서해안의 자연환경과 자원을 활용하는 해양·바이오·친환경 산업단지 조성
주요 프로젝트	• 서해안 특성을 활용한 친환경 농생명 클러스터 육성 −태안·당진·부안·고창을 중심으로 농생명·해양 식품 산업 벨트 조성 −서산·홍성·보령을 중심으로 태양광·농축산 바이오 산업 벨트 조성 • 국제 교류 및 환황해 경제 벨트의 허브 육성 −군산항·평택항 등 항만도시를 중심으로 중국과의 물류 네트워크 구축 −광주·새만금을 거점으로 신재생에너지·친환경 부품 소재 산업 벨트 육성

⑤ 두만강−나진−청진 벨트

산업 잠재력	• 북·중·러 3국 간 변경 무역의 거점, 경제특구·개발구 활용 임가공 산업 • 두만강변 관광자원 활용, 온성섬 관광개발구 중심 관광 산업 육성
물류·교통 인프라	• 북·중·러 3국을 항만·도로·철도로 연결하는 복합 물류의 허브 • 나진항과 TCR·TSR·경라선이 만나는 교통의 요지
거점도시 및 경제특구·개발구	• 나진·선봉, 온성섬, 경원, 청진, 어랑, 훈춘, 하산
추진 방향	• 남·북·중·러 4개국 공동의 두만강 국제도시 개발 검토, 청진·나선 지역의 산업단지 남북한 공동 개발, 중국 훈춘 경제무역구 및 러시아 연해주 개발과 연계 • '동북아 슈퍼 그리드' 전력망 및 남·북·러 천연가스관 연결로 북한의 에너지 부족 문제 해결, 남북한의 친환경 에너지 네트워크 연계
주요 프로젝트	• 나선지구 개발 및 두만강 하구 국제도시 개발 −동해선, 경원선 철로 복원 및 시베리아 횡단철도(TSR) 연계 −나진−하산 물류 사업 재개 및 두만강 국제도시 개발 구상 검토 • 남·북·중·러 4국을 연결하는 동북아 에너지 연결망 구축 −러시아 가스관 및 동북아 슈퍼 그리드와 연계 방안 검토 −남북한 협력을 통한 북한 에너지 공급 체계 개선, 친환경 에너지 확대 • 극동 러시아 지역 농수산·임업 분야 국제 협력 −러시아 자원, 북한 인력, 남한 자본·기술을 연계한 남·북·러 3국 협력 −농수산물 수출 가공 및 임업 가공단지 구축

⑥ 백두산-단천-흥남 벨트

산업 잠재력	• 자원 개발 및 부품 소재 산업 연계 육성 • 고산지대·해안지대 관광 산업, 휴양·건강·웰니스 산업 연계
물류·교통 인프라	• 김책항, 흥남항 등 항구와 단천 주변 광산 연결을 위한 교통 인프라 개선 • 항만과 산악지대 관광을 연계하기 위한 교통 인프라 구축
거점도시 및 경제특구·개발구	• 혜산, 무봉, 흥남, 북청, 김책, 단천(자원 개발 특구 지정 필요)
추진 방향	• 단천 지역 광산의 자원 개발과 부품 소재 산업을 연계한 클러스터 육성 • 백두산·개마고원의 산악지대와 동해안의 수려한 자연환경을 활용한 관광·휴양 산업 개발

주요 프로젝트	• 단천 지역 자원개발특구 조성 및 주변 산업단지 연계
	  −남북한 합의를 통한 단천 지역 광산 개발
	  −단천−김책−혜산을 잇는 자원 개발·부품 소재 산업 벨트로 확대
	• 백두산·개마고원 중심 동북아 관광 네트워크 개발
	  −러시아, 중국, 남북한, 일본을 연결하는 동북아 해양 관광 루트 개발
	  −크루즈 관광과 산악지대 관광을 연계하는 루트 개발
	  (김책항·개마고원·백두산−장전항·금강산−제주항·한라산)

⑦ 원산-금강산-양양 벨트

산업 잠재력	• 해안 지역과 산악 지역을 연계하는 건강·관광 산업, 남북한 연계한 생태 관광 • 원산항 중심 제2의 싱가포르 모델 적용
물류·교통 인프라	• 경원선 및 동해선 철도 • 원산항·장전항 등 항만도시와 연계 개발
거점도시 및 경제특구·개발구	• 현동, 신평, 원산, 금강산, 마식령, 속초, 양양, 강릉, 평창, 양구
추진 방향	• DMZ가 지나는 백두대간 산악 지역의 친환경 생태 관광 및 녹화 사업 추진, 태양광·풍력발전 등 신재생에너지 개발, 금강산·원산·설악산·동해안 연계 관광 루트 개발 • 원산은 한반도 종단철도의 중요 거점이자 항구도시로서, 해양·철도·도로망을 연계하는 국제 복합 물류 거점으로 개발

주요 프로젝트	• 환동해 국제 관광 협력 벨트 조성 　-설악산-금강산-원산-마식령을 연결하는 해양 및 산악 관광 코스 개발 　-금강산 관광 재개 및 원산, 마식령을 포함하는 남북한 관광 협력 추진 　-러시아, 중국, 남북한, 일본을 연결하는 동북아 해양 관광 루트 연결 • DMZ 생태 관광 개발 및 신재생에너지 활용 　-남북한 공동으로 DMZ 생태 · 평화 관광지구 조성 　-신재생에너지를 활용한 생태 관광 시범지구 적용 • 농수산 분야 남북한 협력 　-남북한 공동 어로 구역 지정 및 공동 관리 　-농수산물 수출 가공단지 운영

⑧ 목포-부산-포항 벨트

산업 잠재력	• 연료 전지 · 배터리 · 신재생에너지 · 친환경 부품 소재 · 물류 · 해양 플랜트 · 항공 우주
물류 · 교통 인프라	• 한반도 종단철도망과 항만을 연계한 복합 물류 거점 • 남단 관문인 부산항 및 목포항에 스마트 항만 구축
거점도시 및 경제특구 · 개발구	• 목포, 여수, 통영, 거제, 부산, 울산, 경주, 포항
추진 방향	• 기존 산업시설 및 자원을 활용한 남북한 협력, 동북아 물류망의 연계를 고려한 개발 • 남해안의 아름다운 자연환경과 문화적 자산을 활용하는 문화 · 해양 관광 벨트 조성
주요 프로젝트	• 기존 산업구조 재편 및 첨단 물류망 구축 　-포항 · 경주 · 울산을 중심으로 ICT · 에너지 · 물류 산업 벨트 조성 　-부산항을 거점으로 일본과 협력 등 환동해 경제 벨트의 물류 허브로 육성 • 국제 교류 및 문화 · 해양 관광 벨트 육성, '동북아의 지중해' 프로젝트 　-목포 · 여수 · 통영 · 남해 · 거제 · 부산 · 경주를 중심으로 문화 · 해양 관광 벨트 조성 　-컨벤션, 국제음악회, 영화제 등 국제 교류 중심으로 육성

지경학적 특성과 주변 국가 협력

한반도 광역경제권은 주변 국가들과 비전을 공유하고 동북아 전체를 한 단계 높은 수준으로 발전시키는 공간이 되어야 한다. 이를 위해서는 미래의 한반도 경제권을 세계 여러 국가들이 참여하여 공동투자 및 이익 공유가 가능한 시스템으로 만드는 개방적 구상이 필요하다.

광역경제권 중심의 경제개발은 국가의 영토적 경계에 따라 공간을 구분하는 것이 아니라, 국경을 초월한 경제적 협력 관계의 관점에서 영역을 설정한다는 데 그 중요성이 있다. 8개의 광역경제권이 각기 보유한 지경학적 특성과 경쟁력을 활용하여 주변 국가들과 경제협력을 추진하는 것이다. 한반도 8대 광역경제권의 우선 협력 대상 국가와 협력 방향을 구상해보면 다음과 같다.

한반도 8대 광역경제권 중 남북한의 경제협력이 가장 효과적으로 진행될 수 있는 곳은 서울과 평양을 연결하는 메가수도권 지역이다. 특히 해주-개성-인천 벨트는 남한의 역량이 집중된 수도권과 가장 가까운 지역으로서, 남북한 경제협력의 주요 거점으로 성장할 잠재력이 크다. 개성공단 협력 모델을 해주까지 확장시켜서 산업 협력 벨트를 구축하고, 기존 산업 분야에서 북한의 노동력을 활용한 남북한 협력 중심으로 성장시킬 필요가 있다.

하지만, 이와 같은 노동력 중심의 산업은 남북한 협력의 초기 단계에만 적극적으로 추진하되 점차 지식 기반 산업 및 4차 산업으로의 전환을 모색해야 한다. 첨단 산업 분야의 협력을 초기 단계에

한반도 8대 광역경제권과 동북아 주변 국가의 협력 방향

한반도 8대 광역경제권	주변 도시 및 경제특구·개발구	우선 협력 대상 국가	협력 방향
신의주-단동-압록강	청수, 위원, 만포, 황금평·위화도	중국	경제특구, 국제무역·물류
평양-남포-숙천	강남, 은정, 와우도, 진도, 송림, 청남	남북한	첨단 산업 분야, 수출 가공
해주-개성-인천	강령, 연안, 김포, 강화, 파주	남북한	기존 산업 분야, 물류망 연계
새만금-홍성-평택	태안, 서산, 당진, 보령, 부안	중국	농생명, 친환경, 해양
두만강-나진-청진	온성섬, 경원, 어랑, 훈춘, 하산	중국, 러시아	경제특구, 국제무역·물류
백두산-단천-흥남	혜산, 무봉, 김책, 북청	남북한	자원 개발, 휴양·관광
원산-금강산-양양	현동, 신평, 마식령, 속초, 강릉, 평창	남북한, 일본	친환경·휴양·관광, 무역·물류
목포-부산-포항	여수, 거제, 통영, 울산, 경주	일본	항구도시 중심, 관광·물류

서부터 시도해볼 수 있는 곳은 역시 북한의 핵심이라고 할 수 있는 평양-남포-숙천 벨트다. 이 지역에는 유명 대학, 연구기관 등이 밀집해 있어 우수한 인재를 활용할 수 있으며, 특히 북한이 발표한 평양시 강남 경제개발구, 은정 첨단기술개발구 등을 중심으로 첨단 산업 분야의 남북한 협력을 추진해볼 수 있다.

그동안 북한 경제개발의 주요 거점으로 제시되어왔던 신의주,

나진·선봉 지역은 남북한 협력보다는 중국 및 러시아와의 협력에 적합한 곳이다. 메가수도권 지역 외 북한의 다른 광역경제권은 지경학적 관점에서 효과가 감소하게 되므로 남한과의 협력은 제한적일 수밖에 없다. 한반도 북쪽 접경 지역으로 갈수록 한국보다는 중국·러시아와의 협력이 상대적으로 용이해지기 때문이다. 실제로 중국 단둥과 인접해 있는 북한 신의주 인근 지역은 중국과의 협력이 확대되고 있으며 나진·선봉지구는 중국 및 러시아와의 협력이 진행되고 있다.

신의주-단둥-압록강 벨트는 중국의 단둥·지안을 포함하여 랴오닝성 접경 지역과 평안북도·자강도 지역이 서로 연계된다. 북한과 중국 간의 협력이 우선적으로 추진되는 광역경제권이며, 남한과는 경의선 육로 또는 항만을 통해 협력이 가능하다. 이 지역에는 압록강을 따라 여러 곳에 경제특구와 경제개발구가 지정되었다. 북·중 경제협력과 국제무역의 중심이자 TCR와 경의선이 만나는 교통의 요지로서 한반도의 주요 물류 거점으로 육성할 필요가 있다.

두만강-나진-청진 벨트는 중국의 옌지·훈춘 등 지린성 접경 및 러시아의 하산과 함경북도 지역이 연계되고, 나진항을 이용하는 몽골도 광역경제권 네트워크에 포함될 수 있다. 북한·중국·러시아 3국 간의 협력이 우선적으로 추진되는 광역경제권이며, 남한은 경라선(서울-나진) 철도 또는 항만을 통해 협력이 가능하다. 이 지역에는 두만강과 동해안을 따라 여러 곳에 경제특구와 경제개발구가 지정되어 있다. TCR·TSR·경라선이 만나는 교통의 요지로서 한반도

최북단의 국제무역 중심이자 물류 거점으로 성장할 잠재력이 크다.

백두산-단천-흥남 벨트는 북한의 광물자원이 매장된 광산이 밀집된 지역이므로, 자원 개발 및 부품 소재 산업 육성을 위해 남북한이 우선적으로 협력을 추진할 필요가 있다. 또한 백두산과 개마고원의 산악지대와 동해안의 수려한 자연환경을 활용한 휴양·관광 산업 분야 협력도 유망할 것으로 보인다.

원산-금강산-양양 벨트는 원산항을 중심으로 일본과의 협력을 진행하기에 적합한 지역이다. 남북한 또는 일본과의 산업 협력을 추진하고 국제무역 거점으로 성장할 수 있다. 남한의 속초, 양양, 강릉, 평창 등과 북한의 원산, 고성, 금강산, 마식령 등을 연계하는 친환경 휴양·관광 산업 개발이 유망한 지역이다. 북한의 수려한 관광 자원과 남한의 서비스 산업 역량을 결합하면 국제적인 관광 명소로 성장할 수 있을 것이다.

스마트시티 벨트
추진 방향

북한에 우선적으로 추진해볼 만한 대표적인 스마트시티로는 어디가 가장 적합할까? DMZ 국제도시를 비롯하여 해주-개성-인천 삼각벨트를 중국의 주장 삼각주에 버금가는 국제경제자유구역으로 만들고, 단천 지역은 자원 개발 및 부품 소재 산업에 특화된 경제특구로 개발할 것을 제안한다. 원산항과 나진항은 동북아 해양 네트워크의 핵심적 거점항만으로서 제2의 싱가포르로 만들고, 남포의 수출가공구에는 스마트팩토리를 구축하여 세계시장을 겨냥한 제조기지로 육성하는 꿈을 담았다.

DMZ 국제도시 :
미래 세계정부의 중심으로

2018년 4월 27일 판문점에서 열린 남북 정상회담은 전 세계의 주목을 받았다. 군사적 대립의 상징이었던 DMZ(비무장지대)는 이제 한반도의 평화를 상징하는 장소로 바뀌었다. 이 지역은 단지 남북한만의 화해를 의미하는 것이 아니라, 대륙 세력과 해양 세력의 접점으로서 동북아의 평화를 상징하는 곳이 될 것이다.

바로 이 DMZ에 국제평화도시와 생태공원을 조성해보면 어떨까? DMZ의 전체 면적은 992km²다. 워싱턴 D.C.의 6배, 맨해튼의 17배에 이르는 규모다. 동북아의 평화를 상징하는 이 지역에 UN

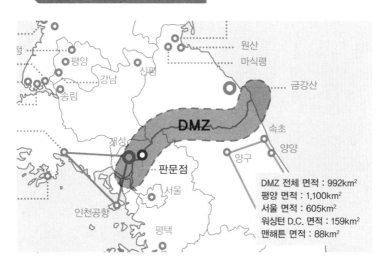

DMZ 평화 벨트(국제평화도시와 생태공원)

DMZ 전체 면적 : 992km²
평양 면적 : 1,100km²
서울 면적 : 605km²
워싱턴 D.C. 면적 : 159km²
맨해튼 면적 : 88km²

산하기구, 동북아개발은행(가칭) 등 여러 국제기구를 유치하여 유럽연합의 본부가 있는 벨기에의 브뤼셀이나 UN 산하기구가 모여 있는 스위스의 제네바와 같은 국제기구 허브로 육성할 수 있다. 판문점은 70년 가까이 이어져온 한국전쟁의 종전을 선언하고, 한반도 평화협정을 체결할 공간으로서도 상징적 의미가 있기 때문이다.

DMZ 국제평화도시에는 기존에는 없었으나 새롭게 떠오르는 분야를 담당하는 국제기구를 창설하여 본부를 유치할 수 있을 것이다. 예를 들어 DMZ 생태공원의 성격을 감안한 글로벌 녹색성장 연구소, 신문명 미래도시 연구소 등 UN의 지속가능발전목표[SDGs]에 부합하는 연구기관과 국제기구를 설립하면 좋을 것이다. DMZ를 미래 세계 문명의 대안을 모색하는 공간으로 만드는 것이다.

이와 같은 국제도시 기능을 담당하기 위해서는 전 세계의 인재를 끌어들이는 매력적인 공간이 되어야 한다. 서울과 평양을 잇는 경의선 고속철도와 고속도로망에 연결되어 남북한 수도권에서 모두 접근이 용이하게 할 필요가 있다. DMZ 국제도시에 지식 산업 생태계를 구축하기 위해 지식·컨텐츠·컨벤션 산업 분야를 집중 육성하면 좋을 것이다. 글로벌 지식 네트워크의 허브로서 국제회의 관련 컨텐츠와 서비스를 제공하고, 친환경 에너지를 활용한 글로벌 데이터센터를 구축하는 등 지식 산업을 위한 인프라 구축이 필요하다.

한편, DMZ 내에 잘 보존된 자연환경을 활용하여 거대한 생태공원으로 전환하고 이를 국제적인 관광 명소로 개발할 수도 있다. 지난 4월 27일 판문점 도보다리 위에서 남북의 정상이 40분간 대화할 때 녹음되었던 새소리는 무려 13종류가 넘었다고 한다.[2] 그만

도보다리 벤치 위의 남북 정상 대화 장면

큼 DMZ의 생태계가 잘 보존되어 있다는 얘기다.

DMZ 생태공원에는 이와 같은 자연환경을 살려서 다양한 동물원 및 테마파크를 조성한다. 또한 DMZ를 따라 한반도를 횡단하는 올레길을 만들고, 걷기대회나 크로스컨트리 같은 스포츠 행사도 개최할 수 있다. 뿐만 아니라 DMZ 국제도시의 컨벤션시설을 활용하면 남북 분단과 세계 평화를 주제로 하는 영화제나 음악회의 개최도 가능하다. DMZ의 자연을 주제로 한 자연생태 사진전시회나 미술전시회도 생각해볼 수 있다.

신의주-단둥-압록강 :
유라시아 대륙을 향한 한반도의 관문

압록강을 사이에 둔 채 마주보고 있는 중국의 단둥과 북한의 신의주는 가장 중요한 광역경제권 중의 하나다. 한반도에 긴장이 해소되고 평화체제가 수립되면 이 지역에 가장 먼저 변화가 나타날 것이다. 사실 이 지역은 오래전부터 북·중 간 교역의 중심지였을 뿐만 아니라, 앞으로의 변화를 전망하며 이미 상당히 많은 준비가 진행되어 있는 곳이다. 그동안 국제사회의 경제제재로 인해 움츠리고 있었던 북한의 잠재력을 발휘할 수 있는 여건이 마련되어 있는 셈이다.

실제로 중국 정부는 단둥 지역의 발전을 위해 다양한 정책을 준비해왔다. 단둥시 정부는 '단둥 연해 경제 3년 계획(2018~2020년)'을 발표하며 2020년까지 단둥을 중국 동북 지역의 중요 관광지로 육성하고 '살기 좋은 생태 도시'로 만들겠다는 목표를 제시했다. 뤼차오呂超 랴오닝사회과학원 북한연구회 부회장은 단둥이 중국 최대 국경도시로서 한반도 긴장 완화의 최대 수혜자가 될 것이라고 했다. 실제로 단둥 정부가 공개한 자료에 따르면 이 지역에서 이루어지는 북·중 무역 규모는 전체 무역 규모의 70%에 이른다.[3] 단둥과 신의주의 역할이 강조되는 이유다.

그동안 중국의 일대일로 정책은 동북아보다는 동남아, 서남아 지역에 집중되어 있었다. 하지만 최근 변화된 국제 정세를 반영하고 북한에 대한 경제적 진출을 적극적으로 모색하고 있는 중국은 일대일로 사업에 북한을 포함하려는 움직임을 보이고 있다. 중국 관영 신문《글로벌 타임스》는 동아시아 경제통합 및 사회 발전을 위해 중국 일대일로 사업에 북한의 참여가 필요하다고 주장했다.[4] 중국의 시진핑習近平 주석은 북중 정상회담에서 신의주-개성 간 철도·도로의 개보수와 북한 특구 개발 등을 제안했다고 전해진다.

현재 북한과 중국을 연결하고 있는 단둥의 압록강철교(조중우의

출처 : 연합뉴스

중국 단둥과 북한 신의주를 잇는 신압록강대교

교朝中友誼橋) 외에 단둥의 신도시 지역과 신의주를 잇는 신압록강대교가 2014년에 완공되었다. 그러나 그동안 북·중 간의 다소 껄끄러웠던 관계와 국제사회의 경제제재가 맞물려 개통은 하지 않은 상태다. 그런데 최근 신압록강대교와 북한 지역을 연결하는 도로 건설이 진행되는 등 변화의 움직임이 감지되고 있다.

단둥 신도시 지역에는 이전보다 큰 규모의 해관(세관) 건물이 새롭게 지어졌다. 이를 통해 중국이 앞으로 북한과의 교류 및 협력이 활발해질 것을 예상하고 이에 대비하고 있음을 알 수 있다. 북·중 양국이 공식 면세 지역으로 지정한 '중조변민 호시무역구中朝邊民 互市貿易區'는 아직 제대로 기능하지 못하고 있지만, 단둥시 정부가 이를 활성화하려는 움직임이 보이고 있다. 중국은 대북 제재 완화에 대비하여 진출 기업 선정 등 준비를 하고 있다고 전해진다. 우선 관광 분야를 비롯한 전반적인 교역량을 늘리고 있는 모양새다.

앞으로 신의주·단둥 지역은 북·중 간의 무역 거점인 동시에 유라시아 대륙과 한반도가 연결되는 관문 역할을 하게 될 것이다. 유럽에서 출발한 기차가 러시아와 중국을 거쳐 한반도로 들어와 맨 처음 정차하게 되는 역이 신의주역이다. 북한과 중국은 그동안 신의주 국제경제지대 개발 계획을 공동으로 준비해왔다. 우리도 하루빨리 이 사업에 참여해서 남북한이 협력할 수 있는 방안을 모색해야 한다. 신의주를 현재의 단순한 북·중 간 임가공 무역 거점으로 머물게 해서는 안되며, 동북아의 중추적 경제권이자 국제관광도시로 육성할 필요가 있다. 이를 위해서 우리가 기여할 수 있는 강점을 찾아 적극적으로 참여를 모색해야 하는데, 우선 우리의 첨단 기술을 활용해서 신의주를 스마트시티로 만드는 것을 제안할 수 있을 것이다. 이미 해외의 스마트시티 계획과 건설에 참여하고 있는 한국의 여러 기업들이 그 노하우를 신의주에도 적용하는 것이다. 미래 한반도의 관문 도시를 계획하는 데 있어서 한국이 배제되는 것은 너무도 안타까운 일이기 때문이다.

평양-남포-숙천 :
4차 산업을 위한 인재가 모이는 곳

북한에 4차 산업을 도입할 경우 가장 발전 가능성이 높은 지역은 평양과 남포다. 첨단 기술 및 지식 기반 산업이 발전하려면 지식 네트워크가 활성화될 수 있는 암묵지가 필요한데, 평양과 남포에는 주요 대학 및 연구기관이 집약되어 있어 우수한 인력이 모일 수 있기 때문이다. 평양과 남포에는 평양이과대학, 김책공업종합대학 등 북한 내 최고 교육기관 출신의 과학기술 인재들이 모여 있다.

평양과 남포에 새로운 교통 인프라가 구축되면 남북한 교류가 더욱 용이해진다. 신新경의선 고속철이 건설되면 서울역에서 평양 또는 남포역까지 채 한 시간도 걸리지 않는다. 이런 환경이 갖춰질 경우 평양이나 남포에 한국 기업의 지사나 연구소, 대학의 분교를 설립하는 것도 가능하다.

평양시에 지정된 2개의 경제개발구 중 하나인 은정 첨단기술개발구는 4차 산업 분야의 남북한 협력을 우선적으로 추진해볼 만한 곳이다. 은정 첨단기술개발구의 단지 배치는 정보 산업, 가공무역, 재료 및 설비 산업, 생물 산업, 관리 및 봉사 지역, 위성과학자거리 등으로 구성되어 있다. 이 경제개발구는 투자 유치, 합작회사 등의 형태로 IT 첨단 기술 산업단지 조성과 소프트웨어, 생명공학, 농업 기술 등 최첨단 기술 개발을 목표로 한다. 주관 기관은 북한 국가과학원인데, 산하 130여 개 연구기관들과 1만여 명의 연구 인력이 개발구 사업을 지원하게 된다. 개발 업무를 총괄하는 은정 첨단기술산업회사는 개발구 설립을 위한 자금을 마련하고 기반시설 구축, 건물 설계, 건설, 관리 운영 등을 담당한다. 북한이 중국 선전이나 쑤저우 경제특구와 같이 산업단지를 운영하는 기구를 통해 사업을 추진하고 있음을 알 수 있다.

평양시의 외곽 지역인 강남군에 위치해 있는 강남 경제개발구는 평양과 개성을 연결하는 고속도로가 통과할 뿐만 아니라, 평양과 남포 사이 길목에 있어 북한 최고의 경제개발구로 성장할 것으로 예상된다. 향후 서울과 평양을 연결하는 신경의선 고속철이 연결될 경우 이 지역에 고속철도 역사가 생길 가능성이 높다고 판단된다. 평양과 남포에 근접해 위치한 강남 경제개발구는 우수 인력을 유치하기가 용이하므로 첨단 산업단지 육성에 적합하다. 김정은 위원장이 특별히 관심을 갖고 있으며, IT 벤처 구역으로 확정되어 외국 기업이 북한 IT 벤처기업과 합작으로 회사를 만들 수 있도록 했다는 소식도 전해진다.[5]

　4차 산업의 핵심 분야인 스마트팩토리를 구현할 수 있는 곳으로는 와우도·진도·송림 수출가공구를 주목할 필요가 있다. 이들은 남포항과 평양 인근에 위치하고 있는데, 지역별 특성에는 일부 차이가 있으나 모두 조립 가공을 통한 수출 산업을 염두에 두고 지정되었다. 평양에는 주로 첨단 기술 중심 R&D시설을 배치하고, 항만 보세구역 수출가공구에 있는 스마트팩토리에서 제품을 생산한 후, 이를 남포항이나 인천공항의 물류망을 통해 해외시장으로 공급하는 체계를 구상해볼 수 있다.

와우도·진도·송림 수출가공구

와우도 수출가공구는 2013년 11월에 경제개발구로 지정되었으며 개발면적은 약 1.5km²다. 와우도 지역은 평양순안국제공항에서 60km, 남포항에서 10km 정도 거리에 있는 교통의 요지이기도 하다. 특히 남포항은 2000년 6월 15일 남북 정상회담 시 체결한 남북해운합의서에 의해 개방하기로 예정된 북한 측 7개 항만 중 하나로, 중국 랴오닝성 다롄, 산둥성 웨이하이 등 주요 항만을 연결하는 해상교통에 유리한 지역이다.

수출 가공·조립을 중심으로 하는 생산지구와 행정 관리지구, 거주민 생활지구 등을 건설하여 개발할 계획이며, 북한의 최대 무역항인 남포항과 수도인 평양에 가까워 해외 수출을 위한 산업기지로 개발할 수 있다. 인근에 위치한 진도 수출가공구는 2014년 7월에 경제개발구로 추가 지정된 6곳 중 하나다. 항구 지역인 남포시 와우도구역 진도동과 화도리 일부 지역을 대상으로 한다. 진도 수출가공구는 지역 내에 조선소가 있다는 것이 특징이다. 북한 정부는 이 지역에 해외투자를 유치하여 공장을 건설하고 수출 산업을 진흥시키겠다는 계획을 가지고 있다. 남포시의 진도 수출가공구는 조선·철강·금속·유리·사기 공업 분야에 강점을 보일 것으로 기대된다. 진도 수출가공구에 있는 '남포조선소'는 북한 최대의 조선소로, 여객선을 비롯해 견인선, 바지선, 잠수선, 쇄빙선 등 다양한 종류의 선박과 장비를 제작하고 있다.

약 2km^2 면적의 송림 수출가공구는 2013년 11월에 발표된 13개의 경제개발구 계획에 포함되어 있다. 송림은 황해남도에 위치한 도시로, 북쪽으로는 평양시에, 서쪽으로는 남포시에 접해 있다. 북한은 이 지역을 송림항과 남포항을 통해 들어오는 수입 원자재를 가공하여 수출하는 조립산업, 국내외 기타 원료·자재들에 대한 2차·3차 가공과 수출을 전문으로 하는 수출 가공업, 창고 보관, 화물 운수업 등을 위한 수출가공구로 육성할 계획이다. 송림 수출가공구에서는 황해제철연합기업소에서 나오는 선철과 강철, 압연강재 등 여러 철강 재생산 제품들도 활용할 수 있으며 송림시, 사리원시 등의 공장 및 기업소와 연계하여 수출 임가공업을 개발할 수도 있다.

해주–개성–인천 :
동북아 최고의 국제경제자유구역

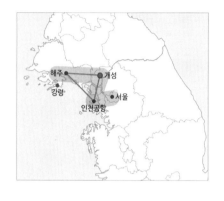

한강 하구 지역은 예로부터 무역이 활발했던 지역이다. 그러나 현재는 남북한의 군사분계선이 지나고 있어, 한강 하구의 여러 섬과 강변 일대는 철조망으로 가로막혀 있다. 육상에는 DMZ가 있으나, 서해와 인접하는 한강 하구 지역에는 DMZ가 없는 대신 민간인 통제구역이 존재한다.

만약 남북한에 평화가 정착되고 철조망이 제거된다면 어떻게 될까? 한강 하구 지역은 동북아의 물류가 활발하게 오고 가는 무역의 중심지로 탈바꿈하게 될 것이다. 지금은 백령도를 비롯하여 서울과 가까운 강화도, 교동도 해병대가 주둔하는 군사 지역이지만, 장차 경제활동의 중심지로 새롭게 변모하는 것이다. 현재 북한의 군사적 요충지인 해주 지역 또한 큰 변화를 맞게 될 것이다. 동북아의 중추적 항만으로 잘만 개발하면 중국의 선전 못지않게 성장할 수 있는 잠재력을 지닌 지역이다. 중국은 경제를 서서히 개방하고 오늘날의 선전을 만드는 데 30년이 걸렸지만, 북한은 남한의 도움을 받아 해주를 10년 내에 변화시킬 수도 있다.

강화도, 교동도, 석모도 등 한강 하구에 있는 세 개의 섬을 합하면 면적이 약 400km² 가까이 되는데, 이는 홍콩 면적의 약 5배 크기다. 인천 강화도와 교동도를 홍콩과 같이 만들고, 해주를 선전과 같이 만든다면 중국의 주장 삼각주(홍콩-선전-주하이-광저우-마카오) 못지않은 국제적인 경제 중심지의 탄생이 가능하다.

해주항을 한반도 서해의 해양 네트워크 중심으로 육성하기 위해서는 스마트 항만으로 개발되어야 한다. 해주는 인천, 평택, 목포 등 남한의 항만도시와 해양 네트워크를 구축하게 될 뿐만 아니라, 중국의 다롄, 톈진, 옌타이, 칭다오, 상하이 등 환황해권 주요 항만과 연계되는 핵심 거점으로 성장할 잠재력을 가지고 있다. 이들 항만도시와 상시적으로 오고 가는 자율주행선박을 위한 스마트 항만 시스템을 구축하면 동북아 물류 운송의 획기적인 발전도 가능하다. 즉, 해양 네트워크와 인천공항을 연결함으로써 항공·항만·철도·도로망이 연계된 복합 물류 허브로 육성하는 것이다. 보다 효율적인 물류망 구축을 위해서는 기존 경의선 교통망 외에도 인천공항에서 김포·강화를 경유하여 바로 해주로 연결되는 제2의 남북한 물류 벨트를 구축할 필요가 있다. 이미 교동도까지는 교량이 놓여 있으므로, 강화 교동도와 황해남도 연안 지방을 연결하는 교량을 건설하기만 하면 인천공항에서 해주까지 육로 연결이 가능하다. 또한 신경의선 고속철은 해주를 통과하도록 구성할 필요가 있다. 기존 경의선보다 서해안에 더욱 가깝게 건설해서 남한의 제2 서해안 축과 연계하여 발전시키는 것이다.

해주와 개성의 경제특구·개발구에는 남북한 경제협력의 중심이 되는 산업지대를 구축하고, 제4차 산업혁명 관련 첨단 기술 연구소와 기업을 유치하는 등 남북한 공동 연구 개발 및 제조 분야의 협력을 추진한다. 자율주행차·자율주행선박·자율주행드론 등 첨단 물류 시스템을 시험해보는 테스트베드를 선도적으로 구축해볼 수도 있다. 테슬라, 구글, 우버 등 자율주행차에 관심이 있는 글로벌 기업의 투자를 받아 자율주행에 최적화된 도로·교통 시스템을 구축하고 전 세계에서 최초로 자율주행차 운행을 시도하는 등의 혁신적인 아이디어의 실현도 가능하다.

세계적 해양·농생명단지로 개발되는 강령군

황해남도 강령군은 해주항 남서쪽에 위치해 있다. 북한은 2014년에 강령 국제녹색시범구를 경제개발구로 지정했으며 싱가포르, 홍콩, 중국 등의 기업들과 이 지역에 대한 개발계약서를 체결한 것으로 알려졌다. 이 지역에 대한 개발 구상이 담긴 '황해남도 강령군 경제특구 계획요강'이 공개되었고, 북한 국가경제개발위원회가 제작한 홍보 영상에서는 '강령 국제록색시범기지'라는 명칭으로 소개되었다.

2016년 12월, 북한은 황해남도 강령군 전역을 '국제녹색시범지대'로 개발한다는 계획을 추가로 발표했다. 〈조선중앙통신〉은 강령군이 해안에 인접해 있어 녹색지대로 개발하기에 유리한 조건을 가지고 있으며, 풍력·태양열·조력·수력 등 에너지자원이 풍부하다고 보도했다. 또한 강령군

바닷가의 연안 수역은 해삼, 밥조개(가리비) 등 수산자원이 많고 바닷가 양식을 하기 좋은 지리적 요건을 갖추고 있다고도 밝혔다.

또한 강령군이 유기농법으로 생태계를 개선하고 '고리형 순환 생산 체계(자원 순환 농업)'[6]를 도입하여 농업 생산을 지속적으로 발전시킬 수 있는 충분한 조건을 갖추고 있으며, 좋은 자연 생태 환경과 수산업·농업을 토대로 세계적인 녹색지대로 개발한다는 계획을 밝혔다.

강령군 전 지역을 국제녹색시범지대로 개발하기 위한 총계획안에 따르면 자연 생태 환경을 보호하고 개선하면서 녹색지대의 특성에 맞게 생태 순환 체계를 형성하며, 자원과 에너지의 이용을 최대한 높이고 경제의 지속적 발전을 이룩하는 것으로 되어 있다. 아울러 강령군에 녹색 제품 생산 및 실현을 위한 공업지구, 현대 하부구조시설 건설, 주거 지역, 연안 지역, 산림 지역, 관광 지역 등을 조성할 계획이다.

해주의 강령 국제녹색시범지대는 배후의 해안과 평야 지대를 활용해서 친환경 해양·농생명단지로 육성해볼 수 있으므로, 이곳을 중심으로 남북한의 협력이 다양하게 이루어질 수 있다. 한국의 해양·농업·바이오 등 관련 대학 및 연구기관을 이 지역에 유치하고 연구와 산업을 연계한 벤처 생태계를 육성하는 것도 고려해볼 필요가 있다. 남북한의 산·관·학 협동을 통해 네덜란드 등 농업 분야의 해외 선진 사례를 벤치마킹하고 세계적인 해양·농생명단지로 육성하는 것이다.

새만금-홍성-평택 :
네덜란드에 버금가는 스마트팜 육성

한반도에서 농업을 미래 산업으로 육성하기 위해서는 새로운 전환이 필요하다. 특히 한국은 노령 인구 비중이 늘어나는 등 인구구조가 변하면서 농업에 종사하는 인구가 급격하게 감소하고 있는 문제를 어떻게 풀 것인지가 중요하다. 인간 노동력 투입을 최소화하는 스마트팜이 새로운 대안으로 떠오르는 이유도 바로 그것이다. 새만금-홍성-평택 벨트는 서해안 시대를 맞아 한반도의 미래 농업을 육성하는 거점으로 유망하다. 서해안 지역은 자연환경과 자원을 활용한 친환경·해양·농업·생명 산업단지 조성이 가능하다. 특히 넓은 갯벌과 농토를 활용할 수 있으므로 기계화, 지능화된 스마트팜을 육성하기에 매우 적합한 지역이다.

새만금에 농생명 클러스터를 조성해서 전통 농업에 ICT 기술을 접목한 첨단 농업을 도입하고 영농의 전 과정을 지능화하는 것을 생각해볼 수 있다. 정보통신 기술을 활용하여 농작물 재배시설과 축사의 온도·습도·일조량·영양 성분 등을 조절해 생산 효율을 향상시키고 자동화하는 것이다. 아울러 자율주행트랙터나 경작 기계, 드론 등을 활용해 인간 노동력의 투입을 줄이는 기계화 영농으로 전환할 수 있다.

이와 같은 농업 분야의 혁신과 대전환을 이루기 위해서는 단지 관련 기업의 참여만으로는 부족하고, 대학과 연구기관이 긴밀하게 연계되어 연구 활동이 사업화로 이어지는 지식·벤처 생태계를 구축할 필요가 있다. 국내외 우수 대학과 연구기관의 연구와 실습을 진행하는 시설을 구축하고 이를 통해 다양한 벤처기업들이 태어날 수 있는 곳으로 만들어야 한다.

농업 분야는 특히 6만 5천 가구에 불과한 농업 종사자가 한국보다 20배가 넘는 면적을 경작하고 있는 네덜란드의 사례로부터 배울 점이 많다. 네덜란드는 세계 2위의 농산품 수출국이자 농업 분야 최고의 선진국으로서, 새로운 농업 기술을 개발하고 생산성을 높이는 등 지속적인 혁신을 시도하고 있다. 특히 네덜란드에 있는 '바헤닝언 푸드밸리^{Wageningen Food Valley}'는 농업 분야 혁신의 세계적 모범 사례다.

바헤닝언은 전통적으로 축산업을 중심으로 농업이 발달한 지역이었는데, 각종 식품업체들이 입주하면서 농·식품 산업과 연구 개발의 중심지로 성장하게 되었다. 유럽 최고의 농업대학교인 바헤닝언대학이 연구기관과 합병되면서 다양한 연구 프로젝트 협력을 통해 시너지 효과를 내고 있다. 또한 반경 30km 이내에 형성된 푸드밸리 클러스터에서, 농업에 대한 연구와 교육을 진행하고 이를 실제 산업으로 연결시키는 등 상호유기적인 산·관·학 협력 체계를 갖추고 있다.

두만강-나진-청진 :
남·북·중·러 4개국 무역의 중심으로

나진은 북극항로 시대를 맞아 항만·철도·도로 등을 연계한 복합 물류의 거점으로 성장할 잠재력이 높은 항만도시로 일찌감치 주목받아왔던 곳이다. 나진항은 북·중·러 3국의 경제협력 공간인 나선 경제특구(나진·선봉 자유경제무역지대)의 중추적 항만으로 성장하고 있다. 나진항에는 이미 러시아의 광궤와 중국의 표준궤 철도가 모두 부두까지 놓여 있어서, 유라시아 대륙으로 연결되는 TSR 및 TCR로 화물을 바로 실어 나를 수 있는 상태다. 이 지역을 중국 훈춘 경제무역구 및 러시아 연해주 개발과 보다 긴밀하게 연계하는 방안을 적극적으로 모색해야 하는 이유이기도 하다.

그동안 북한이 경제제재하에 놓여 있고 남북한의 교류가 단절된 상황에서, 한국의 북방 협력은 주로 러시아 블라디보스토크와 자루비노 항구를 활용할 수밖에 없었다. 그러나 이제 남북한의 철도·도로망이 구축되고 항로가 열리면 나진항이 한반도의 중추적 물류 거점으로 도약하게 될 것을 기대해봄직하다. 북한은 이미 1991년부터 나진·선봉 지역을 자유경제무역지대로 발표하고 개발을 추진해왔다. 이제는 우리가 해양 네트워크의 핵심 거점으로 나진항의 지경학적 경쟁력과 잠재력을 활용하기 위한 계획을 준비해야 한다. 부산항과의 연계 방안, 남북한 항구 및 도로·철도망의 연계 등을 통해 환동해권 복합 물류망 구축에 대한 계획이 필요하다.

북·중·러 3국의 무역은 북한의 나선, 중국의 훈춘, 러시아의 하산 등 3개 거점을 잇는 삼각벨트가 협력의 주요 공간으로 발전되어 갈 것이다. 중국 훈춘은 이와 같은 3국 무역의 특징을 미리 엿볼 수 있는 곳이다. 지린성 조선족자치주에 속한 훈춘은 남쪽으로 북한 나선특별시, 동쪽으로 러시아 연해주와 국경을 마주하고 있다. 훈춘시의 간판과 안내문에는 중국어, 러시아어, 한국어 등 3개 언어가 병행 표기되어 있는데, 특히 훈춘 고속철역에는 '훈춘역'이라는 한글 간판이 중국어보다 앞에 표기되어 있는 것을 볼 수 있다.

이와 같은 삼각벨트 협력을 확대하여 두만강 유역과 동해안의 북한 경제개발구로 연결할 필요가 있다. 북한은 두만강변에 온성섬 관광개발구와 경원 경제개발구, 동해안에 청진 경제개발구와 어랑 농업개발구를 이미 지정한 바 있다. 중국·러시아와의 무역 및 관광 개발을 염두에 둔 것이다. 한국이 이 지역 개발에 참여하여 두만강 지역을 남·북·중·러 등 4개국이 참여하는 국제자유경제지역으로 확대하는 것도 검토해볼 수 있다. 이를 위해 나진항과 청진항의 항만시설을 정비하고 신규 부두 건설에 참여하는 것도 가능하다.

또한 청진을 북한의 제철소기지로 만드는 방안도 생각해볼 수 있다. 북한의 철광석 자원을 활용하기 위한 제2의 포항제철소를 청진에 구축하자는 계획이다. 청진항을 스마트 항만으로 만들고, 스마트 팩토리 개념의 제철소를 청진에 건설한다면 그 효과는 매우 클 것이다. 나진항에서부터 청진항까지의 철로를 연결하여 철광석과 석탄의 운송을 용이하게 하면 북한의 철광석, 러시아의 석탄을 활용한 산업 협력도 구상해볼 수 있다.

백두산-단천-흥남 :
자원 개발과 휴양·관광 산업을 연계

북한 지역에 매장된 지하자원은 막대한 규모로 추정되는데, 약 3,200조 원 ~7,000조 원의 경제적 가치가 있다고 한다. 그러나 현재는 광산시설의 노후화, 전력이나 도로 등 기반 인프라의 미비, 경제제재로 인한 거래 불가 등 문제로 인해 자원 개발 산업이 제대로 운영되지 못하고 있는 실정이다.

만약 남북한 협력이 가능한 상황이 된다면 북한의 자원 개발은 어떤 방식으로 진행하는 것이 좋을까? 무분별한 외자 유치를 통해 여기저기서 광산 개발이 난립할 경우 혼란은 불 보듯 뻔하다. 잠재력이 있는 북한의 자원이지만 자칫 잘못할 경우 외국자본에 의해 잠식되는 상황이 올 수도 있다. 풍부한 자원을 보유하고 있었음에도 국가 경쟁력을 살리지 못한 아프리카와 남미의 사례를 반면교사로 삼아야 한다.

북한의 자원 개발은 일회성 채굴로 광물을 팔아먹는 데 그쳐서는 안 될 것이다. 자원 개발과 연관된 부품 소재 산업을 육성해서 전체 공급망 사슬에서 나오는 부가가치를 가능한 확보할 수 있도록 해야만 한다. 특히 북한이 보유한 희토류 광물자원은 IT 산업에 필수적인 부품 소재를 만드는 데 사용된다. 따라서 해외무역에서 열세였던 한국의 부품 소재 분야를 육성하여 글로벌 경쟁력을 제고할 수 있는 기회로 삼아야 할 것이다.

북한의 단천 지역은 다양한 광물자원이 매장되어 있는 곳이다. 주변의 36개 광산에 마그네사이트, 아연, 구리, 흑연, 니켈, 인회석 등 19종류의 광물자원이 분포, 매장되어 있는 것으로 알려져 있다. 따라서 이 지역을 자원 개발에 특화된 스마트시티로 개발하는 것을 생각해볼 수도 있다. 자원 개발 및 부품 소재 산업을 위한 특구로 추가 지정해서 자원 개발의 남북한 협력 모델을 만들어보는 것을 제안한다. 즉, 광물 탐사 단계부터 개발·가공·제련 과정, 그리고 금속 가공, 신소재 개발, IT 부품 소재 제조 등 자원 개발과 관련된 일련의 산업을 연계하여 육성하는 것이다. 특히 첨단 기술을 도입하여 광물 매장 지역에 대한 3차원 스캔 지도를 만들고, 채굴 과정을 모니터링하는 등 채굴부터 항구까지 이송하는 과정을 자동화하는 것을 포함한다. 이를 위해서는 단천 특구 지역에 스마트 그리드 전력망을 구축해서 안정적인 전력을 공급하고, 광산설비와 철도·항만시설 등 인프라를 우선적으로 개선해야 할 것이다.

아울러, 자원 개발과 부품 소재 산업에 특화된 정부-기업-연구 생태계 구축을 위해서, 광물 관련 남북한 연구기관의 협력을 추진해야 한다. 이를 위해서는 한국광물자원공사와 광해관리공단이 통폐합하여 생기는 한국광업공단 등 남한의 전문 인력이 북한 연구기관과 공동 연구 개발을 추진하는 것도 검토 가능하다. 또한 대학의 지질학과 등 광물자원 관련 분야의 분교를 단천 특구에 유치하고, 광산 탐방과 현장 실습을 진행하는 등 자원 개발 연구시설의 설립도 생각해볼 수 있다.

이와 같은 자원 개발 산업에 추가하여, 백두산 및 개마고원 일대에 휴양·관광 산업 육성을 생각해볼 수 있다. 개마고원 지역의 자원 개발을 부품 소재 산업으로만 한정시키는 것이 아니라, 해발 1천 미터 이상 지대에 하계 휴양·관광 산업을 육성하는 것이다. 개마고원 산악지대와 동해안 해양 리조트를 연계하여 세계적인 산·바다 융합형 휴양지의 조성도 가능하다.

실리콘밸리에는 IT 산업이 있고, 인근의 나파밸리에는 와인 농업과 관광 산업이 있다. 서로 다른 이종 산업 간 복합 모델이다. 이를 벤치마킹하여 단천 특구 중심의 자원 개발·부품 소재 산업과 백두산·개마고원·동해안을 대상으로 하는 휴양·관광 산업을 서로 연계하는 아이디어를 구상해볼 수 있다.

원산–금강산–양양 :
원산항을 제2의 싱가포르로 만들자

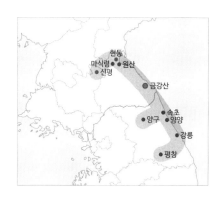

원산에는 북한이 적극적으로 육성하는 관광지구가 있다. 2013년 수립된 원산 갈마해안관광지구 개발 계획의 주요 내용은 송도원 해수욕장과 갈마반도의 명사십리 백사장을 휴양지로 만들고, 여기에 마식령 스키장과 금강산을 연결하여 국제관광지대를 조성하겠다는 것이다. 원산은 이와 같이 훌륭한 자연환경을 갖추었을 뿐 아니라, 동해안의 대표적인 항만을 보유하고 있으며 육로를 통해 평양이나 서울로 접근이 용이하다는 점에서 매우 훌륭한 지경학적 조건을 갖추고 있다.

이런 점에서 원산은 한반도의 '싱가포르'가 될 수 있는 후보로 매우 유력한 곳이다. 원산이 유망하다는 것은 싱가포르가 먼저 알아챘다. 온난화와 과학기술의 발달로 북극항로가 열리게 되면 기존 항로의 요충지에 위치한 싱가포르 중계무역에 적신호가 켜지기 때문이다. 말라카 해협을 통과하던 선박들이 북극항로를 이용하게 되면 싱가포르 항만의 재정 수입이 줄어들게 된다. 이를 대비하여 싱가포르는 북한에 투자하는 것을 선제적 대안으로 생각한다는 것이다. 실제로 원산 갈마국제공항과 갈마해안관광지구에는 싱가포르

자본이 투자한 것으로 알려지고 있다.

2018년 5월 풍계리 핵실험장 폐기를 취재하기 위해 파견된 기자단은 원산의 갈마국제공항을 통해서 북한에 들어갔다. 마침 그때 원산 갈마해안관광지구를 방문해 건설 현장을 시찰 중이던 김정은 위원장은 2019년 4월 15일까지 관광지구를 완공할 것을 지시했다. 2019년에는 많은 외국관광객들이 갈마해안관광지구를 찾아주기를 기대하는 심정이 반영된 것으로 보인다. 2018년 6월 북미 정상회담을 위해 싱가포르를 방문한 김정은 위원장의 생각에는 이미 원산을 제2의 싱가포르로 만들어보자는 야심찬 계획이 있었을지도 모른다.

북한이 싱가포르 발전 모델을 배우는 과정에서 남한의 역할은 무엇일까? 남북한의 동해안과 산악 명승지를 잇는 원산-금강산-양양 벨트를 제안해본다. 현재는 금강산과 설악산 관광이 각각 이루어지고 있지만, 남북을 아우르는 연계 관광 프로그램을 개발한다면 두 명승지를 모두 감상할 수 있다. 원산·속초·양양·강릉 등 해안도시와 신평·마식령·양구·평창 등 산악도시를 결합하는 모델도 구상해볼 수 있다.

이 지역은 건강·관광 산업 클러스터를 육성하는 등 남북한을 연계한 관광 산업 육성에 가장 적합한 곳이다. 남한의 호텔·리조트, 관광 관련 서비스, 건강·웰니스 산업 등 다양한 분야에서 북한과 협력하고 노하우를 전수함으로써, 남북한의 고용을 동시에 창출할 수 있다. 특히 다른 산업 분야에 비해 인프라 투자가 많이 소요되지 않고 단시간 내에 추진해볼 수 있는 관광·서비스 산업 분야는 남북한 협력의 좋은 시발점이 될 수 있다.

목포-부산-포항 :
한반도 남해안을 동북아의 지중해로

그동안 한반도는 동남해안의 기존 산업단지를 중심으로 경제를 성장시켜왔으나, 이제 기술 발전으로 인해 주력 산업이 전환되면서 경쟁력을 잃어가고 있다. 과거의 패러다임에 집착하지 말고 새로운 방향을 적극 모색해야 할 때다. 특히 남북한 협력이 진행되면 기존 노동력 기반의 산업은 남한이 아닌 북한 지역에서 추진하는 것이 더 경쟁력이 높다. 자연스럽게 한반도 내에서 가장 유리한 곳으로 산업이 이전될 것이다. 따라서 한반도 남해안 지역은 새로운 차원에서 성장을 모색해야 한다. 첨단 기술을 도입하여 기존의 산업과 접목하는 방식으로 경쟁력을 차별화할 필요가 있다.

부산항은 한반도 남단의 관문이자 최대의 항구로서 첨단 시스템을 도입한 스마트 항만기지로 육성해야 한다. 이제 단순히 한국의 대표적 항구가 아니라, 유라시아 대륙과 연결되는 거점으로서 부산항의 역할에 대해 새로운 구상이 필요하다. 목포항도 마찬가지로 한반도 서남해안의 중요 거점이 될 수 있는 길을 모색해야 할 것이다. 과거의 방식으로 동북아 항만들과 경쟁하기보다는 한반도의 지경학적 변화에 대응할 수 있도록 적극적으로 경쟁력을 탐색해야 한다. 한반도를 관통하는 도로와 철도망을 통해 유라시아 대륙과 연결된다는 것은 기존에는 없었던 새롭고도 거대한 가능성을 의미하기 때문이다. 예를 들면, 중국, 일본, 동남아의 관광객들이 부산항이나 목포항으로 와서 기차를 타고 서울과 평양을 거쳐 유럽 여행을 떠날 수도 있는 상황을 그려볼 수 있다. 유라시아 대륙에 접속하는 교두보이자 거점항만으로 거듭나게 되는 것이다.

이것 말고도, 한반도 남해안 지역은 개발 잠재력이 매우 뛰어난 곳이다. 풍부한 해양·수산자원을 갖추고 있을 뿐만 아니라 수려한 자연환경을 활용한 관광 산업도 유망하다. 아울러 유구한 역사와 문화를 갖춘 유적과 명소를 보유하고 있어 자연 관광만이 아니라 문화·예술 분야의 풍부한 유산을 활용한 스토리텔링이 가능하다. 한반도 남해안의 여러 항만도시를 연결하여 해양·문화·관광을 주제로 한 스마트시티 벨트를 조성하면 컨벤션, 국제음악회, 영화제 등 국제 문화·예술 교류의 허브로 될 가능성이 높다. 남해안 지역의 항만과 거점도시를 연결하여 한·중·일이 함께 교류하는 '동북아의 지중해'로 만드는 전략도 추진해볼 수 있다.

6장

평양의

미래 도시 구상

평양은 살아 숨 쉬는 '도시 박물관'

도시에는 역사의 흔적이 시간의 순서대로 쌓여 있다. 북한의 수도 평양도 마찬가지다. 역사에 대한 판단이 긍정적이든 부정적이든 관계없이 도시는 그 자체로 시간을 담고 있는 물리적 공간이기 때문에 이를 존중할 필요가 있다. 비록 우리 사회와 다른 이념적 기반 위에 세워졌던 도시의 모습이 때로는 낯설고 불편하게 느껴지더라도 말이다.

따라서 언젠가 평양의 도시와 환경에 우리가 관여할 수 있는 날이 온다 해도 모든 것을 허물어버리고 새롭게 구축하는 방식은 지양해야 한다. 과거 역사의 흔적을 부정하는 것은 어리석은 발상이며 피해 의식에 사로잡힌 약자의 마음가짐이다. 역사의 기록물인 도시의 구조를 그대로 유지하면서 새로운 시대에 적합한 방향으로 도시 공간을 보다 발전시켜나가야 한다.

평양은 사회주의 도시계획의 흔적을 고스란히 간직하고 있는 한반도 역사의 일부이자 자산이다. 자본주의 도시인 서울과 다른 특성을 지닌 평양은 외국 관광객의 눈에도 매우 매력적인 도시다. 서울과 평양을 모두 방문하는 외국인은 두 도시를 비교해보면서 흥미로운 체험을 할 수 있을 것이다.

이상적 사회주의 도시로 계획된 평양은 자본주의 도시에 비해 매우 파격적인 공간구조를 갖고 있으며, 도시계획 측면에서 상당한 장점으로 활용할 수 있는 요소도 꽤 많다. 풍부한 공원 녹지, 지구 단위 계획, 상징적 공간, 도시의 경관축 등의 요소를 잘 활용하면

도시 공간의 경험을 풍부하게 늘릴 수 있다.

따라서 평양이 가지고 있는 고유한 도시적 맥락을 잘 유지하고 발전시켜야 한다. 평양을 제2, 제3의 분당이나 판교 신도시처럼 만드는 것을 목표로 삼아서는 안 된다. 오히려 사회주의 체제가 반영된 도시구조를 보여주는, 살아 숨 쉬는 도시 박물관으로 보존할 필요가 있다.

서울-평양 스마트시티, 서울과 평양을 연결하여 구성하게 될 미래의 광역경제권을 상상해본다. 하나의 광역경제권에 매우 대조

사회주의 도시계획으로 탄생한 전형적인 도시, 평양은 광장과 상징물이 많으며 녹지 조성이 잘 되어 있어 '공원의 도시'라고도 부른다.

적인 특성을 가진 두 개의 수도가 연결되어 있다면 얼마나 멋진가. 전 세계 관광객들이 꼭 방문해보고 싶은 명소가 될 것이다. 현재 평양의 어느 부분을 유지하고, 또 어느 부분을 새롭게 조성하여 세계적인 도시로 재탄생시킬 수 있을지 그 가능성을 함께 살펴보자.

사회주의 도시계획의 특성

평양의 역사를 거슬러 올라가보면 고구려가 평양성으로 수도를 이전한 5세기에 이른다. 약 12km² 면적의 평양성은 내성, 외성, 북성, 중성 등 4개의 성으로 구성되었으며, 고구려가 멸망하기 전까지 중심도시로 기능했다. 평양은 고려 시대에 다시 주목받기 시작했다. 평양은 서경西京으로 불리며 당시 수도였던 개성과 함께 중요한 도시로 성장했다. 조선 시대에는 평양의 인구가 15만 명 수준으로 급속히 증가하며, 서울에 이어 한반도에서 두 번째로 큰 도시로 발전했다.

일제강점기에 일본은 평양을 군수 및 병참기지로 만들고자 했다. 해방 이후 사회주의 도시로 발전하게 된 평양은 그 특성을 잘 보여주고 있어서 근대 사회주의 건축의 전시장으로도 손색이 없다. 북한은 한국전쟁 이후 폐허가 된 평양 시가지를 다른 사회주의 국가들의 원조를 통해 재건했는데, 평양을 사회주의 도시의 모범이 되는 곳으로 만들겠다는 김일성의 의지가 도시계획에 반영되었다.[7]

그렇다면 사회주의 도시의 특수성이란 무엇인가? 이 질문에 대한 답변은 사실상 쉽지 않다. 주요 특징으로 보이는 항목들은 자본주의 도시에서도 공통적으로 나타나는 현상이기 때문에 '과연 사회주의 도시는 존재했는가'라는 질문으로까지 이어지게 된다.[8] 따라서 자본주의 도시에 비해서 빈번하게, 혹은 매우 강조된 형태로 나타나는 모습들을 사회주의 도시계획의 특성이라고 생각해볼 수 있다. 이런 특성들은 결국 사회와 도시를 바라보는 사회주의와 자본주의의 근본적인 관점 차이에서 비롯된 것으로 보인다. 서로 다른 사회적 패러다임이 도시의 물리적 공간을 설계하는 도시계획에까지 영향을 미치기 때문이다.

사회주의 도시계획에서 보다 두드러지게 나타나는 특성을 정리해보면 다음과 같다.[9] 물론 이런 특성들이 자본주의 도시계획에서 완전히 배제된다는 의미는 아니며, 사회주의 도시계획에서 상대적으로 강조되어 나타난다고 보는 것이 적합할 것이다.

① 제한된 도시의 크기
② 국가 통제하의 주거
③ 계획된 주거 지역
④ 공간의 평등화
⑤ 통근 거리의 최소화
⑥ 토지 이용의 규제
⑦ 합리적 대중교통 시스템
⑧ 녹지 공간의 확보
⑨ 국가 개발계획 일부로서의 도시계획
⑩ 상징성과 중앙형의 도시

1953년의 내각결정 제125호 문건은 평양시 복구 재건에 관한 지침을 담고 있다. 여기에는 도시 규모에 대해 다음과 같은 흥미로운 언급이 포함되어 있다.

"도시 규모를 크게 하지 않도록 해야 합니다. 도시 규모를 크게 하고 도시에 인구를 집중시키는 것은 18~19세기에 하던 낡은 자본주의적 방법입니다. 우리는 도시의 규모를 절대로 크게 하지 말고 소도시 형태로 여러 곳에 건설해야 합니다. 그래야 도시를 운영하는 데도 편리하고 도시와 농촌을 골고루 발전시켜 나가는 데도 좋습니다."

이 문건은 국토의 균형 발전 측면에서 도시와 농촌의 균형 있는 개발에 대해서 언급하고 있으며, 특히 하나의 큰 도시를 만들지 말고 여러 곳에 소도시를 만들어야 한다고 주장하고 있다. 실제로 남한과 비교했을 때 북한은 중소도시 위주로 구성되어 있다. 따라서 오늘날 대도시에서 발생하는 다양한 문제점을 해결하는 데 남한보다 북한의 도시 계획이 적합할 수 있다는 이야기다. 즉. 중소도시의 네트워크로 이루어진 스마트시티 벨트를 미래지향적 도시 모델로 삼아 북한에 적용하는 것이 충분히 가능하다고 볼 수 있다.

공원과 광장, 상징물의 도시

평양은 일제강점기부터 군수 산업과 같은 중공업이 발달한 도시였으며, 도시 내에서의 생산 활동을 위한 산업시설과 주거시설이 복합적으로 설계되어 있는 지구 단위의 계획 등 '생산의 도시'[10]로서의 특성이 강하게 내재되어 있는 곳이다.

그러나 여기에서는 우선 평양의 시각적 특성과 경관에 주목해보고자 한다. 물론 평양을 제대로 이해하기 위해서는 산업의 구조가 물리적 도시 공간에 어떤 영향을 끼쳤는지 살펴보는 것이 중요하다. 하지만 산업은 매우 빠르게 변화하고 있어서 '미래 도시 평양이 앞으로 어떤 산업구조를 중심으로 육성되어야 하고, 이에 따라 도시구조는 어떻게 변화해야 하는가?'라는 주제는 무척 방대한 내용으로 이어지므로 여기에서는 다루기 어렵다.

대신에 평양을 방문한 관광객이나 거리를 산책하는 관찰자의 입장에서 쉽게 경험할 수 있는 평양의 모습을 살펴보자. 가장 먼저 눈에 띄는 도시적 특성은 광장, 상징물, 풍부한 녹지 공간 등이 될 것이다. 평양의 도시적 특성을 얘기할 때에 우선 주목하게 되는 것은 다음과 같은 경관적 특징이다.

> "넓은 녹지 공간, 공원, 놀이공원과 위락시설. 평양을 방문하는 사람들은 마치 공원에 온 것처럼 산뜻한 기분이 든다고 말하곤 한다. 이 때문에 평양은 공원의 도시라고 불린다."[11]

녹지 공간을 충분히 확보하는 것은 사회주의 도시계획의 특성인데, 특히 평양은 이러한 특성이 잘 드러나는 도시다. 인공적인 녹지 공간과 공원 시설 외에도 대동강과 보통강을 끼고 있는 지형적 특성을 활용해서 수변 공간에 녹지 인프라가 잘 구축되어 있다.

또한 인공적으로 조성한 광장과 공원, 상징물 등은 도시에 사회주의적 의미를 부여하는 축선 위에 위치하여 그 경관적 특성이 강조되어 보인다. 사회주의 혁명을 선전하기 위한 상징적 광장이나 기념비는 평양의 도시 공간에서 중요한 요소로 활용되고 있다. 대규모 군중집회나 동원이 가능한 광장, 극장, 체육시설 등은 사회주의 이념 홍보 및 교육과 같은 정치적 목적으로 사용되는 도시의 주요 구성물이다.

평양은 어떻게 구획되어 있나

평양의 지도를 펼쳐놓고 주요 시설의 위치를 살펴보면 평양이 철저한 계획 아래 세워진 도시라는 것을 알 수 있다. 오른쪽 지도에서 나타나듯이 평양은 대동강을 사이에 둔 채 동쪽과 서쪽이 나뉘어 있다. 대동강 서쪽에는 중구역을 중심으로 주요 시설이 밀집해 있고, 이외에 모란봉구역, 보통강구역, 평천구역, 만경대구역 등이 있다. 대동강 동쪽에는 대동강구역, 동대원구역, 선교구역 등이 위치해 있다.

중구역에는 김일성 광장, 인민대학습당, 만수대 의사당, 김일성 1호 동상, 인민문화궁전 등 정치적 상징시설이 집중되어 있다. 이

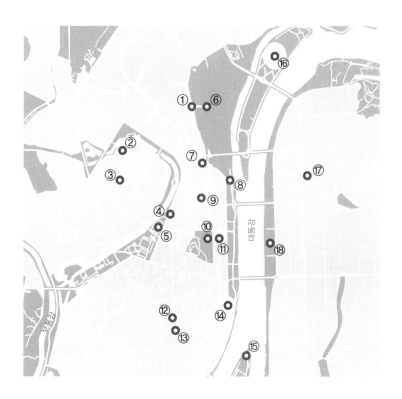

① 개선문

② 류경정주영체육관

③ 류경호텔

④ 보통문

⑤ 인민문화궁전

⑥ 김일성경기장

⑦ 천리마동상

⑧ 옥류관

⑨ 만수대 의사당

⑩ 인민대학습당

⑪ 김일성 광장

⑫ 고려호텔

⑬ 평양역

⑭ 평양대극장

⑮ 양각도국제호텔

⑯ 5.1경기장

⑰ 당창건기념탑

⑱ 주체사상탑

일대는 철도, 지하철, 전차 등이 지나가는 평양 교통의 중심이기도 하다. 중구역은 평양역과도 가까우며, 고려호텔, 양각도국제호텔, 창광산호텔 등도 주변에 위치해 있다.

평양역 서쪽에 위치한 평천구역에는 산업시설이 밀집되어 있으며 평양화력발전소가 있다. 평양 중심부에서 가장 서쪽에 있는 구역인 만경대구역에는 여러 종목의 체육 경기장과 만경대 학생소년궁전 등 대규모 군중을 동원할 수 있는 시설이 있다.

대동강 북쪽의 대성구역에는 금수산태양궁전, 김일성종합대학, 평양외국어대학 등이 있다. 대동강 동쪽의 동대원구역과 대동강구

평양 행정구역 지도

① 모란봉구역   ⑤ 중구역
② 대동강구역   ⑥ 평천구역
③ 동대원구역   ⑦ 보통강구역
④ 선교구역   ⑧ 서성구역

역에는 김형직사범대학, 금성정치대학, 평양기계대학, 평양미술대학 등 여러 대학교가 위치해 있으며, 외국 대사관들이 모여 있는 지역이기도 하다.

최근의 신도시 개발 사례

최근 몇 년간 평양에서는 새로운 시설을 건설하고 거리를 조성하는 사례가 눈에 띄게 증가하고 있다. 물론 사회주의 국가에서 이미지 정치를 위한 공공시설이나 기념비적 건축물을 세우는 것은 일반적이다. 하지만 도시 개발이 계속해서 이루어진다는 것은 북한의 경제적 상황이 더 이상 악화되지 않고 조금씩 호전되고 있다는 신호로 해석할 수도 있다.

새로 지어진 시설 중에 평천구역과 낙랑구역 사이 대동강 쑥섬에 지어진 과학기술전당이 있다. 원자 구조 모양으로 지어진 건축물로, 과학기술 자료를 전산화하는 정보통신 서비스센터다. 비록 외부와 인터넷으로 연결되어 있지는 않지만 평양시의 주요 대학과 연구기관, 특급기업소 연구실 등과 인트라넷(내부 전용 통신망)으로 연결되어 있어 필요한 정보를 열람할 수 있다.

2015년 11월에는 중구역 대동강변에 미래과학자거리가 준공되었다. 과학기술자들이 거주하는 수천 가구의 초고층 아파트를 포함하여 150여 개의 상업시설, 김책공업종합대학 자동화연구소, 기상수문국, 백화점, 탁아소 등이 이 지역에 들어섰다. 마치 1980년

과학기술전당

미래과학자거리

PART 3   새로운 미래 도시 모델

대에 한국이 서울 한강의 남쪽을 개발했듯이, 북한은 평양 대동강의 서쪽 지역을 중심으로 고층 건물을 건설하며 개발을 진행하고 있다.

평양에는 이와 같은 '뉴타운' 개발 지역이 몇 군데 더 있다. 평양의 핵심 지역에 위치한 중구역의 창전거리는 만수대 의사당, 천리마 동상 등에 둘러싸여 있다. 2012년 완공된 창전거리에는 주상복합 형태의 고층 아파트단지가 조성되어 있으며, 그 지하에는 상점, 백화점, 식당, 목욕탕, 이발소 등의 상업시설과 편의시설뿐만 아니라 학교, 유치원, 탁아소 등의 교육시설과 공공시설도 갖춰져 있다.

금수산태양궁전 근처에 조성된 여명거리는 2017년 4월에 완공되었다. 완공된 뒤에는 내외신 기자들을 초청하여 성대한 준공식을 개최하기도 했다. 이곳에는 김일성종합대학의 교육자들을 비롯한 과학자와 연구자들이 살게 될 주거시설과 그들을 위한 편의시

출처: 연합뉴스

창전거리의 고층 아파트단지

설, 교육시설 등이 포함되어 있다. 김정은 위원장은 여명거리 건설 당시 직접 현장에 여러 차례 방문하여 작업을 독려했으며, 도시 개발을 사회주의 이념의 실현이라고 표현하는 등 도시 건설에 상당한 관심과 정성을 기울였다.

새로운 평양의 모습을 구상해보자

평양은 관광 명소로 개발하기에 좋은 조건을 갖추고 있다. 도시 자체가 사회주의 도시계획을 직접 체험해볼 수 있는 살아있는 박물관이다. 평양에는 여러 종류의 상징적 공간, 광장, 기념비, 공원 등 관광객의 호기심을 불러일으킬 수 있는 장소가 많다.

혹자는 북한을 모든 것이 연출되어 있는 극장 국가라고 비평하기도 한다. 그렇다면 발상을 전환해서 평양 도시 전체를 하나의 거대한 극장으로 만들어보는 것은 어떨까? 이미 북한에서 외국인을 대상으로 하는 자체적인 관광 프로그램이 운영되고 있기는 하지만, 지금부터 평양을 더욱 매력적인 도시로 바꿀 수 있는 몇 가지 방향을 제안해보고자 한다.

세계의 여러 도시들은 각자 특색 있는 이벤트를 만들어서 관광객을 유치하고 지역 경제를 활성화시키고 있다. 평양도 이를 벤치마킹하면 평양만의 관광 활성화 방안을 찾을 수 있다. 관광 산업의 활성화는 북한 경제의 활성화로 이어지고, 결과적으로 북한 주민의 삶을 향상시키는 데도 기여할 수 있을 것이다. 외부 세계와의 교류를 조금씩 늘려가다 보면, 경제적인 측면에서 자신감이 생겨 북한이 보다 안정적으로 경제를 개방하고 국제 교류를 확대하도록 유도하는 데도 도움이 될 것이다.

공간 연결성의 향상 : 도시에 생명력을 불어넣자

도시 공간을 분절하는 것은 감시와 통제를 하기에 적합한 방식일 수는 있으나, 도시 내 지역 간의 활발한 교류를 막는다. 도시에 피를 통하게 하고 생명력을 불어넣기 위해서는 단절된 공간이 서로 원활하게 연결되도록 해야 한다. 즉, 도시 내부의 네트워크 연결성을 향상시켜서 도시 공간의 커뮤니케이션을 활성화하는 것이다.

도시 공간의 단절에는 여러 형태가 있다. 언덕이나 하천 등 자연 지형지물로 인해 공간이 분절되어 있기도 하며, 도로나 철도 등 교통망이 지나가게 되면서 지역이 인위적으로 나뉘기도 한다. 분리되어 있는 공간을 연결하는 방법도 여러 가지다. 하천을 건너는 교량, 산을 뚫고 지나가는 터널, 기존 철로나 도로의 지하화를 통한 지상 공간의 복원, 공원 녹지의 연결을 통한 보행로 확보 등 분절 형태에 따라 다양한 방법으로 연결할 수 있다.

평양에서 발견할 수 있는 단절의 원인으로는 우선 철도망이 있다. 철도는 일제강점기 시절부터 주요 산업시설들을 이어주는 중요한 교통망이었다. 그래서 철도가 평양 시내 한가운데를 관통하고 있는데, 평양역을 중심으로 동쪽에는 주요 정부기관이 있는 중구역이 있고, 서쪽에는 산업시설이 밀집된 평천구역이 있다. 평양의 도시 공간은 철로를 중심으로 자연스럽게 분절되어 있으며, 분절된 각 공간의 성격도 매우 다르다.

> "서울이 산과 자동차의 도시라면 평양은 강과 철도의 도시다. 구불구불 흐르는 대동강과 보통강 주변에 조성된 이 도시엔 높은 산이 없다. 모란봉이 해발 96미터다. 강에는 남포를 오가는 배들이 흔하다. 철길이 시내 곳곳을 거미줄처럼 잇는다."[12]

언젠가는 평양의 산업시설도 변화할 것이다. 도시 한가운데에 위치한 평천구역의 화력발전소와 같은 산업시설은 재개발이 필요하다. 서울의 구로공단이 벤처 산업을 육성하는 디지털단지로 변모한 것처럼, 평양 도심의 산업시설단지도 제조업이 아닌 지식 기반의 산업단지로 바뀌게 될 것이다. 따라서 현재 중구역과 평천구역을 단절시키고 있는 철도는 지하화하는 것이 바람직해 보인다. 더 이상 열차가 다니지 않는 지상 공간은 공원화하여 보행자 위주의 공간으로 만들 수 있을 것이다.

그 다음으로 살펴볼 단절의 원인은 도시를 관통하는 대동강과 보통강이다. 평양의 강변에 있는 녹지 공간을 잘 활용하면 한강시민공원과 같은 휴식 공간으로 조성할 수 있을 뿐만 아니라 자전거도로, 보행자 산책로, 공연 및 위락시설과 효과적으로 연계할 수 있다. 또한 강을 가로지르는 교량과 산책로를 추가로 건설하면 분절된 공간의 연결성을 높일 수 있을 것이다.

상징적 공간의 재활용 : 관광 명소를 발굴하자

사회주의의 특성에 따라 평양 곳곳에는 다양한 상징적 공간들이 배치되어 있다. 광장, 기념비 등을 도시의 주요 축선상에 놓고 주변 건물들이 이 축을 존중하고 조화를 이뤄 지어지도록 했다. 도시 전체의 공간 구조가 계획적으로 구성되어 있는 것이다. 평양의 도시 공간을 개발할 때 축선, 상징적 공간 등 도시의 고유한 맥락을 유지하면서 발전시켜야 하는 이유다.

그러므로 미래의 평양이 만약 사회주의 체제와 무관한 도시가 된다고 하더라도 하루아침에 도시의 구조를 뒤엎을 수는 없다. 주체사상탑, 김일성 광장, 당창건기념탑 등 평양에 있는 상징적 공간과 기념비들은 주로 사회주의 이념이나 북한의 주체사상과 밀접한 관련이 있다. 하지만 이 상징물들은 오랜 시간에 걸쳐 쌓여온 도시 공간의 기억을 간직하고 있기도 하다.

평양은 오랫동안 사회주의를 담고 있었던 도시이므로 그 특징이 드러나는 것이 오히려 자연스럽다. 공간 구성, 축선, 네트워크 관계를 통해 형성되어온 평양의 구조를 존중할 필요가 있다. 따라서 평양이 가지고 있는 사회주의의 상징물들은 도시의 특성을 보여주는 것으로 인식해야 한다. 외국인 관광객들이 모스크바의 붉은 광장과 노동자상 앞에서 사진을 찍는다고 해서 그들이 마르크시즘을 동경하거나 사회주의 체제를 추종하는 것은 아닌 것과 같은 이치다. 평양의 경우도 이와 같은 관점에서 바라봐야 한다.

평양의 상징적 공간을 관광 명소로 만들기 위해서는 고유의 의미만을 유지할 것이 아니라, 해당 공간을 재활용할 필요가 있다. 특히 광장은 전시회나 이벤트를 유치하는 행사 공간으로 활용할 수 있다. 평소에 군중집회 용도로 사용되는 공간이지만 집회가 없을 때에는 노천카페, 거리 공연장, 전시회장 등을 위해 사용하는 것이다. 이를 위해 카페, 공연 무대, 전시 공간 등의 시설물을 필요에 따라 설치하고 철거할 수 있도록 가변형으로 디자인해서 광장에 배치해야 한다.

또한 평양의 구역별 특성에 맞추어 문화 공간을 개발하는 것도 중요하다. 대학교가 많은 구역에는 서울의 대학로처럼 공연, 예술, 문화 거리를 조성하는 것이 한 예다. 외국 대사관이 모여 있는 외교관 구역에는 서울의 이태원과 같이 이국적인 음식을 체험하거나 국제 교류를 나눌 수 있는 거리를 기획할 수 있다. 또한 강변을 중심으로 한 공원 녹지 지역을 문화 공간으로 꾸미는 것도 가능하다.

평양의 포스트모더니즘 : 낙후된 시설의 재발견

그렇다 해도 평양의 일부 지역은 대규모 용도 전환이 불가피하다. 특히 낙후된 산업지대는 도시 중심에 위치하는 것이 부적절하므로, 지식 산업지대로 변경하거나 새로운 기능을 부여할 필요가 있다. 평양역 서쪽에 위치한 평천구역은 화력발전소, 철도차량기지창, 산업시설 등이 밀집되어 있는 곳이다. 방치되어 있던 발전소를 현대미술관으로 개조하여 낙후된 지역을 성공적으로 변모시킨 영국의 테이트 모던^{Tate Modern} 미술관의 사례와 같이, 평양의 낙후 지역을 효과적으로 변화시킬 수 있는 아이디어를 고안해야 한다. 만약 화력발전 중심인 평양의 에너지 공급 체계를 친환경적인 신재생에너지 시스템으로 대체한다고 가정하면, 낙후된 발전소 부지는 도시에 전력망을 공급하는 스마트 그리드 시스템의 허브로 전환할 수도 있다.

한편, 지구 단위로 구성되어 있는 소구역을 개조함으로써 도시를 재생시키는 방안도 있다. 평양의 주거 지역은 소구역 내에 공장과 상점, 주거시설이 같이 배치되어 있는 구조다. 즉, 일터와 직장이 가까운 거리에 있는 직주근접^{職住近接} 방식으로 단지가 구성되어 있다.

남북한의 산업 협력이 이루어짐에 따라 산업구조가 재편되거나 4차 산업혁명이 진행되면, 기존의 소구역 내에 배치되었던 경쟁력 없는 생산 기능을 새롭게 바꾸어야 한다. 이러한 생산 기능은 도시 외곽의 전문화된 산업시설로 이전하는 것이 좋다. 남한과 비교했을 때 경쟁력이 떨어지는 산업시설의 경우 아예 다른 산업시설로 대체하는 것이 경제적이다.

평양시 소구역을 리모델링하여 주거 수준을 향상시키는 동시에, 상가나 카페, 문화 공간 등 새로운 근린생활시설을 조성하여 평양을 미래지향적인 친환경 도시로 재탄생시킬 수 있다. 서울의 성수동이나 연남동처럼, 낙후된 도심지의 산업시설과 교통시설을 이전하고 남은 자리에 새로운 기능을 부여함으로써 도시를 재생시키고 주민들에게 활력을 주는 공간으로 전환하는 것이다.

이와 같은 프로젝트는 국제 공모를 통해 아이디어를 모집하는 것도 생각해볼 수 있다. 낙후시설을 재건하는 도시 재생 프로젝트 공모전을 평양에서 개최하는 것이다. 평양 시내 중 몇 곳을 대상 지역으로 선정하여 공모 주제로 삼아보자. 평양은 도시의 특성도 뚜렷하고 낙후된 시설도 많기 때문에 도시 재생 프로젝트의 대상으로 매우 매력적인 곳이다. 따라서 전 세계 건축가 또는 일반인들로부터 다양한 아이디어가 나올 수 있을 것으로 기대된다.

평양 도시 개발
프로젝트 제안

평양의 명소를 따라 걷는 올레길 코스

평양을 관광자원화하기 위한 방안으로 도시 공간을 직접 걸어서 체험하는 올레길 개발을 제안한다. 이 올레길은 공원 녹지 산책로와 연계하고, 상징물이나 기념비, 광장 및 주요 시설을 통과하도록 하여 평양을 찾는 관광객이면 누구나 경험해보고 싶은 관광 코스가 될 것이다. 지금부터 제시할 올레길 코스는 도시 재생 사업을 통해 새로운 도시 공간을 조성했다는 가정 아래 구성한 것이다.

평양 올레길은 보통강구역의 랜드마크인 류경호텔에서 시작된다. 이와 연계하여 가이드와 함께 호텔 앞 광장에서 출발해서 올레길을 따라 걸으며 평양을 둘러보는 올레길 관광 프로그램을 검토해볼 수도 있다. 올레길은 호텔에 인접한 보통강변을 따라 진행되는데, 이때 보행로가 중간에 끊어지는 일이 없도록 강변의 산책로를 정비해야 한다. 만수교를 건너 중구역으로 이동하면 평양성 보통문이 나온다. 평양성의 서문인 보통문에서 연결되는 산책로는 인민문화궁전을 한 바퀴 돌고, 다시 보통강변에 있는 평양체육관, 빙상관, 보통강호텔을 따라 이어진다. 안산교를 건너 평천구역의 철로 주변에 조성된 산책로를 걷다 보면 평양화력발전소 건물이 보일 것이다. (여기서는 철로는 지하화한 뒤, 지상에는 옛 철로를 따라 공원을 조성한 상태를 가정했다.)

다음 코스로 박물관으로 바뀐 평양화력발전소 건물과 정원을 둘러본다. (기존의 화력발전소를 폐쇄하고 평양시 외곽에 신재생에너지 발전소를 건설한 뒤, 옛 화력발전소 건물은 박물관으로 변경한 상태를 가정했다.) 이어서 새마을거리를 거쳐 신산업단지 지역의 길을 따라 이동한다. (평양역 서쪽 평천구역의 낙후된 산업단지를 지식 기반의 신산업단지로 전환한 상태를 가정했다.)

올레길 코스는 대동강변 산책로로 연결되고, 평천강안거리를 따라 이동하면 강 위에 떠 있는 푸에블로호박물관을 볼 수 있다. 다음으로 지나가게 되는 곳은 고층 건물로 가득한 미래과학자거리다. 미래과학자거리를 지나 중구역으로 이르면 김책공업종합대학, 평양대극장, 평양호텔, 대동강호텔, 옥류거리 등 다양한 명소를 만나게 된다.

길을 따라 김일성 광장에 도착하면 광장을 돌면서 인민대학습당을 보고, 광장에서 나온 뒤에는 조선중앙역사박물관과 평양지하상점도 둘러볼 수도 있다. 김일성 광장에서 대동강쪽을 바라보면 주체사상탑이 눈에 들어올 것이다. 이 축선을 따라 조성된 인도교를 통해 대동강을 건너면 좌우에서 음악분수가 솟아오른다. (김일성 광장과 주체사상탑을 잇는 인도교가 새로이 건설된 상태를 가정했다.)

인도교를 통해 대동강을 다시 건너온 후에는 옥류관을 지나 창전거리로 향한다. 만수대 언덕을 오르면 조선혁명박물관, 천리마 동상 등 상징적 시설물이 등장한다. 모란봉 공원 산책로를 따라 모란봉극장, 개선문, 개선청년공원, 을밀대, 모란관 등을 거쳐 능라도로 향한다. 능라도에서 5.1경기장을 둘러본 다음 대동강 청류교를 건너 대동강구역의 강변 산책로를 따라 걸으면 당창건기념탑에 도착한다.

당창건기념탑은 동대원거리로 이어지고, 동대원거리를 지나

평양 올레길 주요 코스 개요

류경호텔→류경정주영체육관→보통강변(산책로 조성)→만수교→평양성 보통문→인민문화궁전→평양체관→빙상관→청류관→신서교→보통강호텔→안산교→옛 철로길(철로 지하화 및 지상 공원 조성 필요)→옛 평양화력발전소(박물관으로 전환)→새마을거리→신산업지구(신산업단지 조성 필요)→평천강안거리→푸에블로호박물관→미래과학자거리→오탄강안거리→김책공업종합대학→평양대극장→평양호텔→대동교→대동강호텔→옥류거리→김일성 광장→인민대학습당→조선중앙역사박물관→평양 지하상점→인도교(신규 조성 필요)→주체사상탑→옥류관→창전거리→만수대 언덕→조선혁명박물관→천리마 동상→모란봉극장→개선문→개선청년공원→을밀대→모란관→능라도→5.1경기장→청류교→당창건기념탑→동대원거리→대학거리(신규 조성 필요)→국제문화거리(신규 조성 필요)

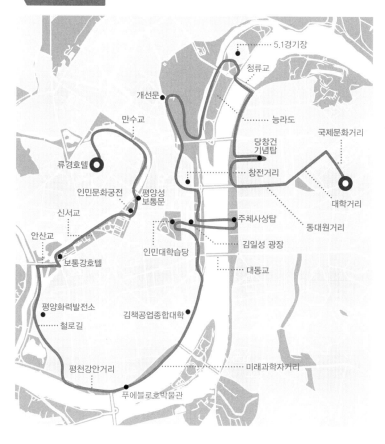

5.1경기장

청류교

개선문

능라도

국제문화거리

만수교

당창건
기념탑

류경호텔

창전거리

인민문화궁전

평양성
보통문

대학거리

신서교

주체사상탑

안산교

동대원거리

보통강호텔

인민대학습당

김일성 광장

평양화력발전소

김책공업종합대학

대동교

철로길

평천강안거리

미래과학자거리

푸에블로호박물관

면 대학거리를 구경할 수 있다. (여러 대학교가 밀집된 대동강구역에 대학로와 같은 젊은이를 위한 거리가 조성된 상태를 가정했다.) 대학거리와 교차하는 국제문화거리까지 돌아보면 산책로가 끝난다. (대사관들이 밀집된 지역 근처에 이태원과 같은 국제문화거리가 조성된 상태를 가정했다.)

보통강변을 세계적 낭만의 거리로

평양은 강의 도시라 할 수 있다. 대동강이 S자형으로 평양 시내를 관통하고, 대동강의 지류인 보통강이 도심을 휘감고 있다. 대동강 서편, 보통강 동편에 위치한 지역이 평양의 중심지이자 옛 평양성이 위치했던 곳이다. 따라서 평양 시내에는 강변과 근접한 곳이 많다. 강변 구역을 어떻게 살리느냐에 따라 도시경관과 이를 경험하는 사람들의 공간 체험이 크게 달라질 수 있다.

대동강의 양측 강변 구역에는 공원과 산책로가 조성되어 있는 것과 달리, 보통강의 일부 구역은 아직 정비가 되어 있지 않은 상태다. 강변에 공원 녹지가 조성되어 있어 사람들이 이곳에서 낚시를 하고는 하지만, 강변을 따라 보행자 산책로가 이어져 있지는 않다. 최대한 자연 상태를 보존하면서 수변 공간을 공원화하고, 산책로와 자전거 도로를 마련하여 사람들이 보다 쉽게 강변 공원에 접근할 수 있도록 해야 한다. 강 양측을 연결하는 보행자 교량을 추가로 설치하면 도시 공간의 연결성을 높일 수 있을 것이다.

보통강은 대동강에 비해 강폭이 좁기 때문에 보행자 친화적인 공간을 만들기에 더 적합하다. 강변을 잘 정비한 후 상업시설을 제한적으로 유치하면, 강폭이 좁은 프랑스의 센강이나 네덜란드의 암스테르담운하, 일본 오사카의 강변과 같이 운치 있는 공간을 조성할 수 있을 것이다. 보통강이 가진 장점을 살리면 보행자를 위한 매력적인 공간으로 재탄생시킬 수 있다. 보통강변의 노천카페에서 세계 각국의 음식을 즐기면서 저녁 시간을 보내는 낭만적인 모습을 꿈꾸어볼 수도 있다.

평양역 주변 재개발과 첨단 산업 유치

서울 연남동의 경의선 숲길에 가보면 지상에 철로가 놓여 있던 공간을 공원으로 바꾼 결과 주변 환경이 매력적인 공간으로 변한 것을 볼 수 있다. 도심을 가로지르는 철로를 지하로 옮기고 지상 공간을 선형 공원으로 만들었을 뿐인데, 도시 공간에 활력이 생겨나고 이전과는 다른 색다른 분위기의 명소로 재탄생했다. 이와 같이 공간의 연결성을 강화하는 것은 매우 중요하다. 특히 도심의 인구가 밀집된 지역일 경우에는 그 효용 가치가 더욱 크다.

평양은 '철도의 도시'답게 철로가 도시 여러 곳을 가로지르고 있다. 평양역을 지나는 철로는 남북 방향으로 이어져 있어 동서 방향으로는 공간적 단절이 심하다. 만약 역 주변의 철도차량기지를 도시의 외곽 지역으로 이전하고, 고속철도를 지하에 건설한다면 이 지역의 공간적 특성이 크게 바뀔 것이다. 평양역 및 주변 공간을 포함하는 재개발 프로젝트를 통해 주거, 상업, 문화, 컨벤션 시설이 조성된 복합지구로 개발하는 것도 가능하다. 철로는 지하화하고 지상은 공원화하며, 주변 지역에는 문화 공간과 행사 공간을 배치한다.

평양역 서편은 동편과 달리 다소 낙후된 산업시설들로 구성되어 있다. 과거 한국의 임가공 공장지대였던 구로공단이 오늘날 서울디지털국가산업단지로 변모했듯이, 평양의 낙후된 산업 지역도 새로운 전환을 맞을 때가 되었다. 특히 첨단 기술 산업 분야에서 남북한의 밀접한 협력을 추진한다면, 평양 고속철도가 지나게 될 평양역 인근 평천구역을 지식 산업과 4차 산업을 위한 첨단 기술 산업단지로 조성하는 것이 효과적이다. 아울러 주변의 미래과학자거리, 김책공업종합대학 등과 연계하여 개발하는 것도 바람직하다.

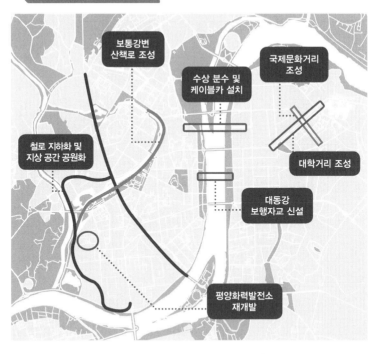

평양 도시 개발 프로젝트 제안

보통강변
산책로 조성

수상 분수 및
케이블카 설치

국제문화거리
조성

철로 지하화 및
지상 공간 공원화

대학거리 조성

대동강
보행자교 신설

평양화력발전소
재개발

대동강 수변 공간의 경관적 특성을 살리자

대동강은 보통강과 달리 비교적 강폭이 넓다. 보통강에 비해 공원 녹지 공간이 이미 잘 정비되어 있는 상황이지만, 대동강의 수변 공간을 개발하여 평양의 대표적인 공원으로 만들면 관광자원으로도 활용할 수 있다. 특히 평양 도심의 주요 축선이 지나는 대동강변에는 중요한 시설이나 명소들이 배치되어 있다. 따라서 대동강변에 수상 분수, 수상 카페, 보행자 다리, 상징적 조형물 등을 설치한다면 관광자원들을 발전시키고 경관적 특성을 고조시킬 수 있을 것이다.

① 김일성 광장과 주체사상탑을 연결하는 축선 위에 대동강 보행자 다리 신설

평양의 도시계획에는 중요한 축선 몇 개가 숨겨져 있다. 그중 하나는 대동강을 가로질러 김일성 광장과 주체사상탑을 연결하는 축이다. 이 축선상에 보행자용 다리를 건설하면 대동강의 양측을 연결하는 효과와 함께 경직되었던 공간적 특성을 완화하는 효과를 얻을 수 있다. 김일성 광장을 대규모 군중집회의 용도로 사용하는 데 그치지 말고, 거리를 활보하는 보행자와 관광객들의 동선으로 확장하여 활용하는 것이다.

② 당창건기념탑과 만수대 언덕을 연결하는 축선 위에 수상 분수, 케이블카 설치

평양의 또 다른 도시 축선은 당창건기념탑과 만수대 언덕을 연결

김일성 광장에서 주체사상탑을 바라본 모습. 이 축선을 고려하여 대동강에 보행자용 다리를 건설함으로써 공간의 연결성을 강화하고, 경관적 특성을 강조해 보행자 공간에 활력을 줄 필요가 있다.

하는 축이다. 이 축을 연결하는 동선에 보행자용 다리 대신 케이블카를 설치해서 관광객들이 평양 시내를 조망할 수 있는 명소를 만들어도 좋을 것이다. 케이블카의 아래쪽 대동강에는 음악분수를 설치하는 것도 가능하다. 이 케이블카는 만수대 언덕을 지나 모란봉 공원까지 연결하여 평양 시내를 한눈에 내려다보도록 구성할 수 있다.

③ 수상 카페, 산책로, 자전거 도로를 조성하여 서평양 지역 주요 시설 경관 감상

대동강변에도 한강변과 같이 수상 선박 형태의 시설물을 배치할 수 있다. 우선 대동강변을 따라 보행자 산책로와 자전거 도로가 단절되지 않도록 해야 한다. 강변을 따라 산책하며 반대편의 주요 시설물의 경관을 감상하는 것도 좋은 관광 코스가 될 것이다. 강변을 따라 선형의 녹지 공간이 이어지도록 해야 한다. 특히 미래과학자거리, 창전거리, 김일성 광장, 만수대 언덕 등 명소 주변의 녹지 공간을 잘 가꾸고, 보행자가 쉽게 산책하며 이동할 수 있도록 한다.

대학거리와 국제문화거리 조성

대동강 동쪽의 동대원구역과 대동강구역에는 몇 가지 특별한 곳이 있다. 대성구역에 있는 김일성종합대학과 중구역에 있는 김책공업종합대학을 뺀 나머지 대학들은 이 지역에 밀집되어 있다. 중국 대사관을 제외한 여러 나라의 대사관들도 거의 모두 이 지역에 모여 있다.

여러 종류의 대학이 위치한 지역적 특성을 살리면 문화와 예술을 즐길 수 있는 대학거리를 조성하는 것도 가능하다. 또한 독일, 영국, 스웨덴 등 여러 국가의 대사관들이 모여 있는 특성을 살려 국제문화거리를 조성할 수도 있다. 앞으로 북한이 개방되면 많은 국가들과 수교를 체결하고, 더 많은 대사관들이 이 거리에 자리 잡게 될 것이다. 이 거리에서는 세계의 다양한 문화와 음식을 체험해볼 수 있다.

대학거리와 국제문화거리를 십+자 형태로 교차하게 만들면 교류를 더욱 활성화시킬 수 있다. 평양의 젊은이들이 다양한 국가의 외교관이나 관광객들과 문화를 교류하는 공간이 될 것이다.

주

PART 1 북한은 한반도의 미래다

1. 북한은 GDP 규모를 공식적으로 발표하지 않고 있다. 2016년 기준 북한의 GDP를 UN은 168억 달러로 추정했으며, 한국은행은 311억 달러로 추정했다. 또한 북한의 1인당 GDP를 UN은 665달러로, 한국은행은 1,250달러로 추정했다.

2. 이남주, 〈남북경협과 일대일로〉, 《북미정상선언 이후 한반도 평화번영 구상 실현 방안(KINU 국내학술회의 자료집)》, 통일연구원, 2018, 91–95쪽.

3. "통일은 대박? 쪽박?", 《매일경제》, 2014.2.20.

4. 이석기, 〈북한의 산업개발 방향과 남북한 산업협력 방안〉, 《KIET 산업경제》 2007년 12월 호, 산업연구원, 2007, 63–64쪽.

5. Daniel Altman, "Turning Japanese: Is this the end of the South Korean Miracle?", 《Foreign Policy》, 2012.11.12.

6. "南男北女", 《조선일보》, 2013.12.26.

7. "東北3성 포함 8,000만 명 한민족 분업 체제 생긴다", 《조선일보》, 2014.1.3.

8. "中, 대북 투자 선점 독려 중", 《신동아》, 2018.6.20.

9. "북한 주식시장 곧 열릴 것 … 통일엔 큰돈 안 들어", 《한국일보》, 2018.6.27.

10. "통합 후엔 南·北·中·러에 스타기업 줄줄이 탄생할 것", 《조선일보》, 2014.1.2.

11. "통일, 南韓고령화 15년 늦춰 … 現세대에 日 따라잡을 것", 《조선일보》, 2014.3.5.

12. "南은 저성장 탈출, 北은 新제조업기지로 … 통일한국에 더 투자", 《조선일보》, 2014.1.10.

13. "글로벌 금융社들 '전쟁 위험 국가인 한국, 통일되면 성장 유망 국가'", 《조선일보》, 2014.1.10.

14. "북한 광물 99% 중국으로 … 경협 성사되면 남북 '윈윈'", 《경향신문》, 2018.5.2.

15. "南北통합 땐 대륙과 연결된 6000조 원 자원 강국", 《조선일보》, 2014.1.2.

16. "中 7곳만 개발 … 北광산 720곳은 '노다지'", 《서울경제》, 2018.5.7.

17. "대기업-벤처 시너지 낼 한국형 모델 만들어야", 《매일경제》, 2013.10.17.

18. "홍종학 중기부 장관 '남북 경협시 북한 창업 지원 검토'", 《연합뉴스》, 2018.6.20.

19. "산은·수은 '북한SOC개발기금' 조성 검토", 《이데일리》, 2018.5.2.

20. 박해식, 〈북한 경제개발 지원을 위한 재원조달 방안〉, 《북미정상선언 이후 한반도 평화번영 구상 실현 방안(KINU 국내학술회의 자료집)》, 통일연구원, 2018, 115~117쪽.

21. 북한은 도로, 호텔 등 각종 기반시설을 건설해주는 중국 기업에 광산개발권을 부여하는 새로운 방식의 투자 유치를 적극 추진 중인 것으로 알려졌다. "북한, 광산 개발권 대가로 기반시설 건설 추진", 《한국일보》, 2013.1.7.

22. 〈북한 경제 및 결제시장 변화〉, BC카드 디지털연구소, 2018.

23. "국제사회, 北 WTO 가입 이끌어야", 《동아일보》, 2018.6.18.

PART 2   스마트시티 네트워크

1. 레이 커즈와일, 《특이점이 온다》, 김명남·장시형 옮김, 김영사, 2007, 27~29쪽.

2. 마뉴엘 카스텔, 《네트워크 사회의 도래》, 김묵한·박행웅·오은주 옮김, 한울아카데미, 2003.

3. 제러미 리프킨, 《소유의 종말》, 이희재 옮김, 민음사, 2001.

4. "2050년엔 시장 없어진다. 네트워크가 장악할 것", 《조선일보》, 2011.9.14.

5. "통일되면 북 주민 교육시킬 미니 대학(micro-college) 뜰 것", 《조선일보》, 2014.1.10.

6. 이덕희, 《네트워크 이코노미》, 동아시아, 2008, 63~65쪽.

7. 김동주 외, 《글로벌 도시권 육성 방안 연구(I)》, 국토연구원, 2010, 16쪽.

8. "정재승의 퍼스펙티브 하루 2시간 걸리는 출퇴근, 스마트도시로 대폭 줄이자", 《중앙일보》, 2018.5.3.

9. 〈Global Cities 2017: Leaders in a World of Disruptive Innovation〉, AT Kearney 분석보고서, 2017.

10. 이옥희, 《북·중 접경지역: 전환기 북·중 접경지역의 도시네트워크》, 푸른길, 2011, 33–34쪽, 41쪽.
11. Saskia Sassen, 《Global Networks, Linked Cities》, Routledge, 2002, pp. 1–2.
12. 오마에 겐이치, 《국가의 종말》, 박길부 옮김, 한국언론자료간행회, 1996, 129–131쪽.
13. 김원배 외, 《동아시아 초국경적 지역 형성과 도시전략》, 국토연구원, 2009, 85쪽.
14. 김원배 외, 위의 책, 83–86쪽.
15. "광저우-홍콩 고속鐵로 48분 … 질주하는 中 '대만구'", 《조선일보》, 2018.4.23.
16. "주장(珠江) 삼각주에 글로벌급 광대역 도시군 건설 예정", 《중앙일보》, 2014.3.11.
17. 박양호·김창현, 《국토균형발전을 위한 통합국토축 추진전략》, 국토연구원, 2000, 146–147쪽.
18. 이동우 외, 《수도권의 세계도시화 전략 연구》, 국토연구원, 2010, 130–131쪽.
19. 김영봉·박영철, 《남북경제협력을 위한 북한의 서해안 개방거점 개발 전략》, 국토연구원, 2001, 68쪽.
20. David F. Batten, 〈Network Cities: Creative Urban Agglomerations for the 21st Century〉, 《Urban Studies》 Vol. 32, No. 2, SAGES Publications, 1995, pp. 320–321.
21. "중국 창업, 선전 엑셀러레이터를 주목하라", Kotra 해외시장뉴스, 2017.6.28.
22. "북한 주식시장 곧 열릴 것 … 통일엔 큰돈 안 들어", 《한국일보》, 2018.6.27.
23. "김정은에 싱가포르 모델 권한 왕후닝", 《이데일리》, 2018.5.31.
24. "북한 '싱가포르는 우리 인민의 친근한 곳' 경제특구 개발 때 롤모델", 《중앙선데이》, 2018.5.12.
25. "서울-신의주 고속철 신설 등 '한반도 통합철도망' 구상 단계", 《동아일보》, 2018.4.30.
26. "서울-베이징 고속철 6시간, 동북아 1일 생활권 만들자", 《오마이뉴스》, 2018.6.19.
27. "통일 땐 中·러 연결 '한반도 에너지網' 완성", 《조선일보》, 2014.1.8.
28. "문대통령 '철도·가스·전기부터 남북러 3각 협력 시작 가능'", 《연합뉴스》, 2018.6.20.
29. "남·북·러 가스관 연결 사업 착공 후 3년이면 완공 가능", 《경향신문》, 2018.6.19.
30. "우리나라 대륙철도 길 열렸다 … 北협조로 국제철도협력기구 가입", 《연합뉴스》, 2018.6.7.
31. "서울-베이징 고속鐵로 4시간 … 유럽까지 화물 수송 시간 절반 단축", 《조선일보》, 2014.1.8.
32. "서울-베이징 고속鐵로 4시간 … 유럽까지 화물 수송 시간 절반 단축", 《조선일보》, 2014.1.8.

33. "중국 관영매체 '일대일로 사업에 북한 참여 필요'", 《연합뉴스》, 2018.6.14.

34. 이상준 외, 《한반도의 비전과 개방형 국토발전 전략》, 국토연구원, 2009, 43쪽.

PART 3   새로운 미래 도시 모델

1. "개성공단의 '벤치마크' 중국 쑤저우공업원구", 《연합뉴스》, 2013.10.25.

2. "남북 정상 '도보다리 밀담' 엿들은 새는 …", 《한겨레》, 2018.5.1.

3. "제2의 선전? 들떠있는 북·중 접경도시 단둥은 지금", 《뉴스핌》, 2018.6.28.

4. "중국 관영 매체 '일대일로 사업에 북한 참여 필요'", 《연합뉴스》, 2018.6.14.

5. "中, 대북투자 선점 독려 중", 《신동아》, 2018.6.20.

6. 한국에서는 보통 자원 순환 농업이라고 하며 가축 분뇨를 비료로 만들어 농업에 활용하고, 수확한 농작물이나 부산물로 사료를 만들어 축산업에 활용하는 식이다. 또 비료를 만드는 과정에서 발생하는 메탄가스를 연료로 사용하기도 한다. 농업과 축산업의 결합으로 시너지를 낼 수 있으며 유기농도 가능해진다. 북한에서는 고리 형 순환 생산 체계에 양어를 결합하는 경우도 있다.

7. 임동우, 《평양 그리고 평양 이후》, 효형출판, 2011, 20쪽.

8. 홍민, 〈역사적 다양체로서 사회주의 도시의 이해〉, 《사회주의 도시와 북한》, 한울 아카데미, 2013, 23–29쪽.

9. James. H. Barter, 《The Soviet City: Ideal and Reality》, Sage Publications, 1980; 임동우, 위의 책, 47쪽에서 재인용.

10. 임동우, 위의 책, 73쪽.

11. Han Pan-Jo, 《Pyongyang, a Park City》, Korea Pictorial, 2002; 임동우, 위의 책, 82쪽에서 재인용.

12. "초고층 아파트 숲 여기는 평양입니다", 《중앙선데이》, 2018.6.9.

서울 평양 스마트시티

도시 네트워크로 연결되는 한반도 경제통합의 길

초판 1쇄 발행 2018년 9월 5일

지은이 민경태
펴낸이 성의현
펴낸곳 미래의창

책임편집 김성옥, 김윤하
본문 디자인 박고은

등록 제10-1962호(2000년 5월 3일)
주소 서울시 마포구 잔다리로 62-1 미래의창빌딩(서교동 376-15, 5층)
전화 02-338-5175 **팩스** 02-338-5140
ISBN 978-89-5989-543-4 03320

미래의창은 여러분의 소중한 원고를 기다리고 있습니다. 원고 투고는 미래의창 블로그와 이메일을 이용해주세요. 책을 통해 여러분의 소중한 생각을 많은 사람들과 나누시기 바랍니다.
블로그 www.miraebook.co.kr **이메일** miraebookjoa@naver.com